Claus Krämer
Kleine Keltenkunde

Claus Krämer

Kleine Keltenkunde

REGIONALIA
VERLAG

Abbildungen Cover:
Bildleiste oben 4 Bilder:
    Links: Keltisches Kreuz, fotolia – © mattiaath
    Zweites Bild von links: Vercingetorix und Caesar, wikimedia commons (o.A.)
    Zweites Bild von rechts: Kessel von Gundestrup, wikimedia commons – Malene Thyssen
    Rechts: Keltensiedlung Henllys, Wales, pixelio – Finni
Großes Bild Vordergrund: Klosterruine Clonmacnoise, Irland, fotolia – © matthi
Hintergrund: Kelten, Dover Bildarchiv

2. Auflage
Claus Krämer, Kleine Keltenkunde
Copyright © 2013 Regionalia Verlag GmbH, Rheinbach
Alle Rechte vorbehalten

Einbandgestaltung: Derek Gotzen für agilmedien, Niederkassel
Layout und Satz: Andreas Paqué, www.paque.de

Printed in Poland 2014

ISBN: 978-3-939722-88-5

www.regionalia-verlag.de

Inhalt

Ein paar Worte vorweg

Warum ist das nicht richtig Greifbare oft so faszinierend? Die keltische Kultur, oder das, was man darunter zu verstehen glaubt, ist für uns alle in ihrer Komplexität und Fülle kaum in dem Ausmaß fassbar, wie wir es gerne täten. Dies liegt hauptsächlich daran, dass das wissenschaftliche Material dazu nicht wirklich umfassend ergiebig ist und in vielen Fällen, je nach Sicht- und Interpretationsweise, sogar widersprüchlich. Gleichzeitig gibt es viele sehr unterschiedliche Möglichkeiten, sich diesem Thema zu nähern. Und auch die Erwartungshaltungen derjenigen, die sich eingehender damit beschäftigen, sind individuell und oft subjektiv. Deshalb ist es nötig, schon im Vorfeld zu erklären, was Sie in diesem Buch erwartet.

Wie der Titel schon verrät, handelt es sich um eine „Kleine Keltenkunde". Ich möchte Ihnen die wesentlichen Merkmale einer uralten Kultur näher bringen, die zwar aus historischer Sicht in der Antike platziert wird, sich aber chamäleongleich durch die Jahrhunderte schlängelt und heutzutage ein erneutes Comeback erlebt.

Denn obwohl sie doch hierzulande oft als ein „verschwundenes Volk" bezeichnet werden, sind die Kelten nahezu überall präsent: im TV, in Romanen und Comics, auf CD, in Modezeitschriften und Kleiderschränken, in Schmuckschatullen, in Tattoomotiven und nicht zuletzt im (Unter)bewusstsein vieler Menschen. Wie kaum eine andere Kultur hat die keltische in vielen Lebensbereichen ihre Spuren hinterlassen. Die Kelten erfanden beispielsweise die Seife und die Struktur moderner Rockmusik, sie schufen vermutlich eine funktionierende, naturnahe Heilkunst und sorgten für mehr Gleichberechtigung zwischen Mann und Frau als es beispielsweise die Römer zu jener Zeit taten. Sie vereinten nach Meinung so mancher Autoren Politik, Kunst und Religion zu einer theoretisch sinnvollen Synergie, die Hunderte von Jahren funktionierte und an der wir uns heute durchaus ein Beispiel nehmen könnten, zumindest theoretisch und in Teilbereichen. Allerdings schafft auch das nicht richtig Greifbare viel Raum für Eigeninterpretation, je nach Sichtweise.

Dennoch geben sie den meisten Menschen Rätsel auf. Kelten? Leben die nicht in Irland? Ach ja, klar, Asterix und Obelix in Gallien, das waren ja Gallier, also Kelten. Aber Deutschland, Österreich, die Schweiz? Die wenigsten wissen, dass wir uns genau hier im alten keltischen Kernland befinden. Aber bevor wir tiefer in die Materie einsteigen, ist es nötig, zuerst einmal ein weit verbreitetes Missverständnis anzusprechen und gleich zu Anfang des Buches auszuräumen: „Die Kelten" als Volk mit homogenem Staatsapparat, abgesteckten Staatsgrenzen und genetischer Eindeutigkeit, die sie als

Zwei Druiden.
Kupferstich von Bernard
de Montfaucon, 1719

Bretonen oder den Galiziern – Völker, die man heutzutage am ehesten mit dem Begriff „keltisch" in Verbindung bringt. Dennoch gab es schon sehr früh eindeutige Gemeinsamkeiten, die das Keltische etwa vom Römischen, Germanischen oder Griechischen unterscheidbar machen. Diese Nenner sind neben anderen kultureller, sprachlicher und religiöser Art. Deshalb sollten wir Wert darauf legen, dass, wenn in diesem Buch von „Kelten" die Rede ist, immer Menschen gemeint sind, die kein umspannend genetisches, sondern ein kulturelles und/oder sprachliches Band einst verband und regional heute noch verbindet. Und auch die manchmal bunt schillernde „Szene" mit ihren oftmals lustigen Fantasienamen und Kostümierungen, nicht selten Ausdruck der Sehnsucht nach einer tieferen Spiritualität und Identität, möchte ich hier nicht außen vor lassen.

kompakte Einheit ausweisen könnten, hat es nämlich niemals gegeben!

Sie haben richtig gelesen. Es gibt und gab niemals in der Geschichte ein einheitliches keltisches Volk, wie es beispielsweise die Ägypter oder die Griechen waren und immer noch sind. Die heutigen Österreicher beispielsweise, von denen die meisten Vorfahren gehabt haben dürften, die einst dort lebten, wo die Wiege der keltischen Kultur stand, sind nicht verwandt mit den Iren, den Walisern, den

Dieses Buch ist weder eine wissenschaftliche, geschichtliche Abhandlung, noch sollte es in den Buchhandlungen in der Esoterikabteilung zu finden sein.

Vielmehr möchte ich mit Ihnen gemeinsam eine Zeitreise unternehmen, an deren Ende gerne etwas mehr Begreifen und Wissen steht. „Das Keltische" wurde in der Antike geboren, erlebte einige vitale Jahrhunderte, bis die Römer einen großen Teil Europas unterwarfen und den besiegten Völkern ihre Kultur aufzwangen, und existiert seit dieser Zeit in veränderter, vielfältiger Weise weiter. Als Selbstverständnis im Bewusstsein der Iren, Schotten, Waliser, Bretonen, Galizier oder deren Nachfahren etwa in den USA oder Kanada. Ebenso als ein in verschiedensten Ausprägungen wahrnehmbares Fluidum hierzulande, das viel Raum für verklärte Romantisierungen lässt, gleichzeitig aber auch die Möglichkeit eröffnet, aus der Fülle an Heraus- und Hereindeutbarem fürs Leben zu lernen. Unsere Geschichtsforschung ist ein dynamischer Prozess. Gerade in den letzten Jahren sind immer wieder neue Funde gemacht worden, die überraschende Rückschlüsse auf die keltische Vergangenheit erlauben. Seien wir mal gespannt, was da noch kommen wird …

Claus Krämer

Die Megalithanlage von Stonehenge zum Mittsommer.
Aus dem Nordisk Familjebok, 1876

Zeittafel
(v. Chr. = vor Christus, n. Chr. = nach Christus)

Vor 7000 v. Chr.: Paläolithikum – Altsteinzeit

7000 bis 4000 v. Chr.: Mesolithikum – Mittlere Steinzeit

4000 bis 2000 v. Chr.: Neolithikum – Jungsteinzeit

2500 bis 2000 v. Chr.: Entstehungszeit von Stonehenge.

2000 bis 1300 v. Chr.: Frühe Bronzezeit

1200 bis 750 v. Chr.: Späte Bronzezeit
Die Bestattung Verstorbener in Urnengräbern ist wesentliches Merkmal in der späten Bronzezeit. Noch in der Bronzezeit beginnt sich in der Region nördlich der Alpen die Hallstattkultur zu entwickeln.

Um 800 bis 750 v. Chr.: Frühe Hallstattzeit. Beginn der Eisenverarbeitung in Zentraleuropa. Verstorbene werden in Grabhügeln beerdigt. Eventuelle Wanderungen keltischer Völker auf die Iberische Halbinsel.

Ab circa 620 v. Chr.: Späte Hallstattzeit. Im Süden Deutschlands, in der Schweiz und in Ostfrankreich hat sich eine Kultur mit großen Fürstensitzen entwickelt. Die Kelten pflegen intensive Handelsbeziehungen zu ihren südlichen Nachbarn.

Um 600 v. Chr.: Gründung der südfranzösischen Stadt Massalia (Marseille) durch die Griechen; intensive Handelsbeziehungen zu den Galliern.

Um 550 v. Chr.: Ausbreitung der Hallstattkultur in Britannien.

Um 500 v. Chr.: Nachweis der frühesten schriftlichen Form einer keltischen Sprache (Lepontisch).

Um 500 v. Chr.: Erste offizielle Erwähnung der Kelten durch den griechischen Historiografen Hekataios.

Siegreiche Kelten mit erbeuteten Römerinnen. Gemälde von Evariste Vital Luminais, 19. Jahrhundert

Um 450 v. Chr.: In Süddeutschland, der Schweiz und im Osten Frankreichs entsteht die Latènekultur.

Um 400 v. Chr.: Die Latènekultur breitet sich nach Osten (Österreich, Tschechien, Slowakei, Ungarn) und Nordwesten (Britannien) aus.

Um 400 v. Chr.: Keltische Stämme fallen in Norditalien ein; Keltenwanderungen in den Mittelmeerraum.

Circa 390 bis 387 v. Chr.: Plünderung Roms durch gallische Truppen.

Ab circa 370 v. Chr.: Griechische Armeen nehmen keltische Söldner in ihre Reihen auf.

335 v. Chr.: Alexander der Große zieht an der Donau gegen die Kelten zu Felde.

323 v. Chr.: Die Abgesandten keltischer Völker besuchen Alexander den Großen in Babylon.

Um 320 v. Chr.: Keltische Stämme siedeln sich in den Karpaten an.

Um 300 v. Chr.: Im Süden der Ukraine entstehen keltische Siedlungen.

298 v. Chr.: Kelten dringen bis nach Thrakien vor, wo sie zurückgedrängt werden.

295 v. Chr.: Römische Truppen besiegen die keltischen Senonen.

281 v. Chr.: Galatische Kämpfer besiegen die Truppen des Makedonenkönigs Ptolemaios Keraunos und töten ihn.

279 v. Chr.: Galatische Truppen dringen nach Griechenland ein und werden vor Delphi zurückgedrängt.

278 v. Chr.: Unter Nikomedes von Bythinien kommen galatische Söldner nach Anatolien.

278 v. Chr.: Im heutigen Bulgarien gründen Kelten das Königreich Tylis.

Ab circa 275 v. Chr.: Mittlere Latènezeit.

274 v. Chr.: Ptolemaios I. holt keltische Söldner nach Ägypten in sein Heer.

Um 240 v. Chr.: Sieg Attalos I. von Pergamon gegen die Galater.

237 v. Chr.: Beginn der Unterwerfung der Keltiberer in Spanien durch die Karthager.

225 v. Chr.: Sieg Roms gegen die Gallier in der Schlacht von Telamon.

206 v. Chr.: Rückerlangung der Unabhängigkeit der Keltiberer nach dem Sieg der Römer über die Karthager bei Ilipa.

Um 200 v. Chr.: In Mittelereuopa blüht die keltische Kultur in befestigten Städten (Oppida).

Um 200 v. Chr.: Erbauung der Höhensiedlung von Maiden Castle in Dorset.

Um 200 v. Chr. bis circa 200 n. Chr.: Zeit der schottischen Brochs.

191 v. Chr.: Römische Eroberung von Bononia, der letzten Bastion der Gallier im heutigen Italien.

186 v. Chr.: Die Noriker im heutigen Österreich verbünden sich mit Rom.

Ab circa 150 v. Chr.: Späte Latènezeit. Ende der keltischen Expansionsphase. Entstehung großer keltischer Städte (Oppida).

Keltische Krieger vor dem Kampf.
Ölbild von George Moreau, 1879

133 v. Chr.: Sieg der Römer über die Keltiberer bei Numantia.

Um 123 v. Chr.: Ausbreitung des römischen Einflusses im Süden Galliens.

122 bis 121: Siege Roms über die keltischen Arverner und Allobroger.

113 bis 101 v. Chr.: Einfälle und Raubzüge der germanischen Kimbern und Teutonen auf keltischem Boden.

106 v. Chr.: Eroberung Tolosas (Toulouse) durch die Römer.

Circa 100 v. Chr.: Reisen des griechischen Historikers Poseidonios durch keltische Regionen bis nach Spanien und Britannien. Mehrere Reiseberichte.

Circa 60 v. Chr.: Dakische Truppen unter König Burebista besiegen die keltischen Stämme der Skordisker, Taurisker und Boier.

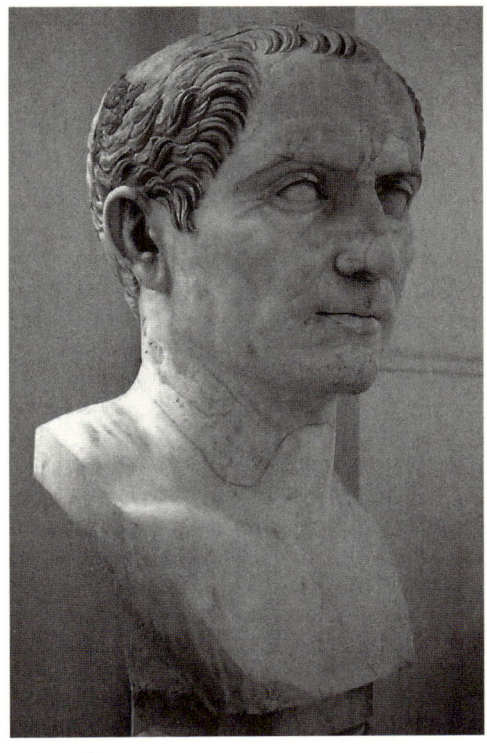

Julius Cäsar,
Archäologisches Museum Neapel

59 v. Chr.: Julius Cäsar wird neuer Konsul von Gallia Cisalpina und Verwalter der Provinz Narbonensis.

58 v. Chr.: Beginn der Eroberung Galliens durch Julius Cäsar.

58 v. Chr.: Erstes Buch der „Commentarii de bello Gallico" von Julius Cäsar: Der Kampf gegen die Helvetier und eine allgemeine Beschreibung Galliens.

57 v. Chr.: Zweites Buch Cäsars über den Gallischen Krieg: Der Kampf gegen die Belger.

57/56 v. Chr.: Drittes Buch Cäsars: Die Kämpfe gegen die Kelten in den Alpen und die Aufstände keltischer Stämme an der Atlantikküste.

55 v. Chr.: Viertes Buch Cäsars: Der Kampf gegen die Germanen, die erste Überquerung des Rheins und die erste römische Expedition nach Britannien.

54 v. Chr.: Fünftes Buch Cäsars: Kämpfe der Römer gegen britannische Völker und Aufstände von Festlandskelten.

54/53 v. Chr.: Gallischer Aufstand gegen die Römer unter dem Feldherrn Ambiorix.

53 v. Chr.: Sechstes Buch Cäsars: Weitere gallische Aufstände. Die zweite römische Rheinüberquerung. Allgemeines über die Kelten und die Germanen.

52 v. Chr.: Zweiter gallischer Aufstand, diesmal unter Vercingetorix. Niederlage der Kelten bei Alesia. Auf dem Festland werden Gallien und die Regionen südlich der Donau in das römische Reich eingegliedert.

52 v. Chr.: Siebtes Buch Cäsars: Der große gallische Aufstand unter ihrem Anführer Vercingetorix.

51/50 v. Chr.: Achtes Buch Cäsars: Die letzten Eroberungen in Gallien.

46 v. Chr.: Vercingetorix wird von den Römern im Triumphzug durch Rom geführt und hingerichtet.

27 v. Chr.: Augustus begründet das römische Kaisertum.

27 v. Chr.: Kaiser Augustus lässt Gallien in drei Provinzen aufteilen: Gallia Lug-

Vercingetorix liefert sich Cäsar aus. Gemälde von Lionel-Noel Royer, 1899

dunensis, Gallia Belgica und Aquita-
nien.

25 v. Chr.: Galatien in der heutigen Türkei wird zur römischen Provinz.

19 v. Chr.: In Nordwestspanien werden
die keltiberischen Widerstände von
den Römern gebrochen.

19 bis 15 v. Chr.: Die an der oberen Donau ansässigen keltischen Stämme
werden von dem Römern besiegt.

9 n. Chr.: Schlacht im Teutoburger Wald

Um 10: In Britannien vereinigen sich die
keltischen Trinovanten und die Catuvellauni.

16: Aufstand der Sugambrer, Tenkterer
und Usipeten.

20: Unter Florus und Sacrovir Aufstand
der Gallier.

21: Aufstände der Haeduer und Treverer.

Ab 41: Gallier dürfen unter Kaiser
Claudius Mitglieder des römischen
Senates werden.

43: Kaiser Claudius gibt den Befehl zur
Eroberung Britanniens.

51: Im südlichen Britannien enden die
Widerstände gegen die Römer.

54 bis 55: Der Apostel Paulus schreibt
an die Galater.

60: Die Römer vernichten das Druidentum von Anglesey.

60: Die Königin der keltischen Ikener,
Boadicea, führt einen Aufstand gegen
die Römer an.

61: Nach der Niederlage gegen Rom
stirbt Boadicea.

68: Aufstand der Bataver.

69: Keltische Erhebung gegen Rom unter Julius Civilis mit dem Versuch der
Errichtung eines unabhängigen gallischen Königreiches.

77 bis 84: Römische Truppen unter Agricola gehen auf Kriegszug nach Wales
und Schottland.

84: Sieg der Römer gegen die Kaledonier in Nordschottland.

87: Aufgabe der Pläne Roms zur vollständigen Eroberung Britanniens.

122: Bau des Hadrianswalls in Nordbritannien.

Beim Bau des Hadrianswalls.
Gemälde von William Bell Scott, 1857

142: Bau des Antoniuswalls in Nordbritannien.

211: Tod des Kaisers Septimius Severus während des Feldzuges gegen die Kaledonier.

260 bis 274: Vereinigung Britanniens und Galliens unter Marcus Postumus zum unabhängigen „Gallischen Reich".

286 bis 296: Unabhängigkeit Britanniens unter Carausius.

293: Die Stadt Trier wird Residenz römischer Kaiser.

297: Berichte über die Pikten in Nordbritannien.

300: Britannier gründen erste Siedlungen in der Bretagne.

325: Konzil von Nicäa.

358: Erste Siedlungen von Franken in Gallien.

367: Verwüstung Britanniens durch die Scoten, Pikten und Sachsen.

391: Erklärung des Christentums zur römischen Staatsreligion durch Kaiser Theodosius.

400: Überfall auf Britannien durch den irischen König Niall of the Nine Hostages.

Circa 400: Beginn des Christentums in Irland.

406: Eindringen der Franken, Vandalen, Sueben, Alanen und Burgunder nach Gallien.

Um 407 bis 410: Ende der römischen Herrschaft in Britannien.

431: Palladius wird der erste Bischof der Iren.

Die Porta Nigra im Jahre 1814.
Stich von Johann Anton Ramboux

Das Kloster von Iona auf einem Stich
aus dem 19. Jahrhundert

Um 435: Beginn der Missionierung des heiligen Patrick. Die irischen Druiden verlieren im Zuge der wachsenden Christianisierung mehr und mehr ihren Einfluss.

Um 440: Sieg Cuneddas gegen irische Eindringlinge in Wales.

Um 450: Flucht britannischer Kelten vor den angelsächsischen Eroberern in die Bretagne.

455: Avitus, ein Gallier, wird weströmischer Kaiser.

486: Der Frankenkönig Chlodwig I. besiegt den letzten römischen Kommandanten in Gallien, Syagrius.

496: Übertritt Chlodwigs zum Christentum, Beginn des frühen Mittelalters

Um 500: Emigration von Fergus Mór mac Eire von Irland nach Schottland und Gründung des Königreiches Dál Riata.

Um 500: Beginn der Klostergründungen in Irland.

Um 500: In der Schlacht von Mount Badon stoppen die Britannier die angelsächsische Ausbreitung.

563: Gründung des Klosters von Iona durch Kolumban den Älteren.

635: Anerkennung der fränkischen Oberherrschaft durch die Bretonen.

691: Unabhängigkeit der Bretonen.

793: Beginn der Wikingerzeit in Britannien. Überfall auf das Kloster Lindisfarne.

795: Erster Einfall der Wikinger nach Irland und Plünderung von Iona.

798: Überfall der Wikinger auf die Insel Man.

800: Besuch irischer Mönche auf den Faröer-Inseln und in Island.

Um 843: Unterwerfung der Pikten. Vereinigung des Reiches von Dál Riata mit dem der Pikten.

851: Anerkennung von Erispoe als Bretonenkönig durch Frankenkönig Karl den Kahlen.

878: Dorniert, der letzte unabhängige König Cornwalls, stirbt.

Zehntes Jahrhundert: Brian Boru wird König von ganz Irland.

919: Die Wikinger besetzen die Bretagne.

1018: In der Schlacht von Carham fällt Owain the Bald, der letzte britannische König.

1066: Schlacht bei Hastings.

1093: Die Anglonormannen beginnen mit der Eroberung von Wales.

1172: Die irischen Könige unterwerfen sich der englischen Krone.

1175: Im Vertrag von Windsor wird Irland in ein anglonormannisches Gebiet sowie ein irisches Königreich aufgeteilt.

1267: Im Vertrag von Montgomery erkennt Heinrich III. Llewelyn ap Grufydd als „Prince of Wales" an.

1282: Ende der walisischen Unabhängigkeit.

1286: Ende des keltisch-schottischen Königshauses.

1290: Die Insel Man wird englisch.

Im Jahre 1707 erschien eine Untersuchung der keltischen Sprachen in der Archaelogia Britannica

1292: König Edward I. von England ernennt John Balliol zum König von Schottland.

1297: In der Schlacht von Stirling Bridge besiegt William Wallace die Engländer.

1305: Hinrichtung von William Wallace.

1314: Erlangung der Unabhängigkeit Schottlands in der Schlacht von Bannockburn.

1371: Übernahme des schottischen Königsthrons durch das Haus Stuart.

1487: Die Bretagne fällt an Frankreich.

1497: Die kornischen Rebellen werden besiegt.

1536 bis 1542: Wales wird mit England vereinigt.

1536: König Heinrich VIII. wird neues Oberhaupt der irischen Kirche.

1541: König Heinrich VIII. wird König von Irland.

1546: Erstmals wird ein Buch in keltischer Sprache, auf Walisisch, gedruckt.

1587: Elisabeth I. lässt Maria Stuart, die Königin von Schottland, hinrichten.

1607: Ende des gälischen Irlands.

1641: Gälischer Aufstand in Irland.

1653: Eroberung Irlands durch Oliver Cromwell.

1692: 80 Mitglieder des schottischen MacDonald-Clans sterben bei einer Strafaktion der Engländer im Massaker von Glencoe.

Die Bretagne auf einer Karte von 1789

19. Jahrhundert: Gründungen verschiedener Vereinigungen mit dem Ziel der Erhaltung und Förderung der irischen und der schottischen Sprache wie der Gesellschaft zur Bewahrung der irischen Sprache, der Gälischen Union, der Gälischen Liga, der Gaelic Society of London, der Highland Society of Scotland oder der Highland Association.

1801: Auflösung des irischen Parlaments. Union Irlands mit Großbritannien.

1805: Gründung der Académie Celtique in Paris.

1845 bis 1848: Große Hungersnot in Irland.

1860 bis 1865: Ausgrabungen in Alesia und Bibracte.

1861: Erstes National Eisteddfod in Aberdare.

1865: Eintreffen walisischer Kolonisten in Patagonien.

1867: Erster interkeltischer Kongress in der Bretagne.

1893: Gründung der Gaelic League zur Förderung der gälischen Sprache in Irland.

1900: Erste Rituale neuzeitlicher Druiden in Stonehenge.

1922: Gründung des Irischen Freistaates als Teil des Britischen Empires.

1931: Autonomie Irlands.

1948: Unabhängigkeit Irlands von England.

1707: Veröffentlichung der Archaeologia Britannica, einer Untersuchung der keltischen Sprachen, von Edward Lhuyd.

1707: Vereinigung Englands und Schottlands zu Großbritannien.

1717: Der Orden The Order of Bards, Ovates and Druids wird gegründet.

1745: Jakobitenaufstand in Schottland mit dem Ziel, das Haus Stuart wieder auf den Thron zu setzen.

1760 bis 1765: Veröffentlichung der Ossianischen Verse von James Macpherson.

1789: Erstes neuzeitliches kulturelles Fest, Eisteddfod, in Corwen.

1790: Abschaffung des bretonischen Parlaments.

1992: In Wales wird Walisisch als zweite Nationalsprache anerkannt.

1998: Gälisch wird dem Englischen in Nordirland gleichgestellt.

Die römischen und griechischen Chronisten bezüglich des antiken Keltentums:

Hekataios von Milet unternahm in sechsten Jahrhundert v. Chr. ausgedehnte Reisen und schrieb darüber.

Poseidonios, Grieche, 135 v. Chr. bis 50 v. Chr.: Er erforschte die Welt der Kelten als erster mit System. Auch beschrieb er sie ohne große Vorurteile. Poseidonios pries den Mut und die Ehrlichkeit der Kelten.

Auch Strabon, 64 v. Chr. bis 24 n. Chr., beschrieb in seiner Geographia die Kelten als kulturell hochstehend.

Diodor berichtete detailliert und lebendig. Der Sizilianer verfasste im ersten Jahrhundert v. Chr. 40 Bücher über die Geschichte der Welt.

Plinius der Ältere, 23 bis 79 n. Chr., fasste in seiner Naturalis Historia das gesamte wissenschaftliche Wissen seiner Zeit zusammen.

Julius Cäsar, 110 bis 44 v. Chr., schrieb in De bello Gallico (Über den gallischen Krieg) ausführlich über die Kämpfe und die Eroberungen Roms in den Jahren 58 bis 51 v. Chr.. Einerseits rechtfertigt er mit krassen Beschreibungen seine Überfälle, andererseits war er ein genauer Beobachter der keltischen Kultur, der detailliert alles, was ihm wichtig erschien, aufschrieb.

Titus Livius, 59 v. Chr. bis 17 n. Chr., berichtete ebenfalls.

Poseidonios

Erstes Kapitel
Wanderndes und sesshaftes „Volk"

**Die Geschichte der Kelten – Gesellschaft und Kultur –
Die Kelten und die Römer – Die Kelten und die Germanen**

> „Das Keltische gleicht einem Zaubersack, in den man alles hinein-
> stopfen und aus dem man fast alles wieder herausholen kann."
> *J. R. R. Tolkien*

Das romantische Keltenbild

Die Kelten eignen sich für vieles. Vor allem für romantische Projektionen. Als
naturnahe Verlierer gegen eine gierige
römische Eroberungssucht repräsentieren
sie heute in Europa das Bild der unterdrückten Völker dieser Welt. Ähnlich wie
die Indianer Nordamerikas hat man den

Keltisches Symbol: die Triskele

Kelten vor 2000 Jahren eine Kultur auf-
gedrückt, die nicht die ihre war. Und
wie bei Asterix gab es durch die Jahrhunderte hinweg verschiedenorts kleine
Keltennischen, die die Ihr-kriegt-uns-
nicht-klein-Fahne hochhielten und sym-
bolisierten, dass man selbst in der aus-
sichtslosesten Position Möglichkeiten hat.
Wie man in der Werbesprache sagt, ist das
Keltenbild „positiv besetzt", anders als etwa das der Germanen, das von gewissen
Machthabern für ihre Zwecke miss-
braucht worden ist. Und diese positiven
Symbole haben enormes Potenzial.

Polarität der Symbole

Unter der Symbolik des Keltentums lassen
sich legitime Ängste um die Zukunft der
aktuellen Zivilisationen unseres Planeten
bearbeiten und dies kann, im Idealfall, zu
Lösungen führen, bei denen nicht bloß eine Optimierung des materiellen Gewinns
im Fokus steht, sondern mehr. Die Römer
symbolisieren in der Menschheitsge-

schichte die Themen Expansion, Ausbeutung, Bevormundung, Gewalt, männliches Denken und Handeln. Auch in der Fortführung ihrer Hauptstadt als Zentrale religiöser Macht. Die Kelten stehen für das weibliche Prinzip, für Kunst, Schönheit, Naturnähe, Heilung. Auch wenn beide Pole einseitig dargestellt werden und nicht der Gesamtrealität entsprechen, haben sie diese Wirkung. Viele keltische Stammesführer und ihre Männer waren kriegerisch und ruhmsüchtig. Und die Römer haben der Nachwelt ein grandioses kulturelles Erbe hinterlassen. Die Geschichte des Keltentums ist, ähnlich wie ihre Heldensagen, die Geschichte einer Reise, aus der man, wenn man sich nicht nur rein faktisch und oberflächlich mit ihr beschäftigt, lernen kann.

Viele Klischees

Wie sich klischeehafte Bilder doch einbrennen: Dudelsack, Kilt und Tartanmuster sind beispielsweise die Ikonen des schottischen Keltentums. Und die Gallier trugen geflügelte Helme auf dem Kopf. Zwar gab es den Dudelsack in der Antike schon, aber es gibt keinerlei Hinweise darauf, dass es auch Kelten waren, die hineinbliesen. Die britische Armee holte den Dudelsack in ihre Highland-Regimenter, und dort wurde das Instrument erst offiziell „keltisch"; zu einer Zeit, in der es in Europa relativ aus der Mode gekommen war. Das heute wie eh und je beliebte Tartan-Webmuster ist sehr simpel auf einfachen Webstühlen herzustellen und seit mindestens 3000 Jahren in Gebrauch, bei keltischen Völkern der An-

tike ebenso wie bei anderen. Erst im 19. Jahrhundert kam es in Schottland wieder in Mode und wurde bald darauf zum Renner. Auch der Kilt ist ein Produkt des 19. Jahrhunderts. Und der geflügelte Helm, der Asterix' schlauen Kopf ziert? Nicht keltisch, sagen die Kenner. Der wurde erst im 19. Jahrhundert populär, als man die Statuenhäupter keltischer Helden damit schmückte.

Wurzeln im Dunkel der Zeit

Lange Zeit glaubte man, die Kelten seien die direkten und identifizierbaren Nachfahren eines völkerwandernden Verbandes gewesen, der von der unteren Wolga im heutigen Russland aus Europa weitflächig vereinnahmt hat. Und es gibt immer noch Wissenschaftler, die diese Theorie durchaus für akzeptabel halten. Allerdings gibt es dafür keinerlei Beweise. Deshalb lautet hier und heute die Antwort auf die Frage, woher die keltische Kultur stammt: „Wir wissen es nicht." Erste erkennbare Spuren findet man im Bereich der nördlichen Alpen, im heutigen Österreich, in Bayern, in der Schweiz. Wenn wir nun sagen, dass diese Spuren ungefähr 2800 Jahre alt sind, dann wissen wir etwas über das Alter der Spuren, nicht aber über die betreffende Kultur an sich. Keine Kultur trat je fix und fertig ans Licht der Öffentlichkeit, quasi

Bild rechts:
Wie andere Völker kannten die Kelten durchaus Tartanmuster.

von null auf hundert. Es ist nur logisch, dass eine Sprache, um sich zu entwickeln, ziemlich lange braucht. Ebenso gesellschaftliche Strukturen, religiöse Riten, herrschaftspolitische und militärische Systeme oder zur damaligen Zeit praktizierte Wissenschaften wie Astronomie oder Heilkunde. Die hohe Zeit der Kelten kam mit der Verbreitung der Eisenherstellung in Europa. Die Eisenzeit löste die Bronzezeit ab. Und etwa seit Beginn der Eisenzeit wissen wir von den Kelten. Aber, denkbar und plausibel: Es hat sie schon vorher gegeben. Jedoch über das Wie und Wann wissen wir heute nichts. Man darf sich allerdings vorstellen, dass die keltische Kultur sich nach und nach aus ihren Vorgängerinnen entwickelt hat. Das Wort „Geschichte" deutet den Lauf der Zeit an. Eine Schicht folgt auf die andere, Kulturen schichten sich auf auf das, was vor ihnen war.

Besuch aus dem Osten

Vor vier- bis fünftausend Jahren kamen Völker aus dem Osten nach Zentraleuropa und blieben. Wahrscheinlich kamen sie aus den Steppen Südrusslands. Sie vermischten sich mit der ackerbauenden, sesshaften Bevölkerung, der wir heute noch die ältesten Steinsetzungen zu verdanken haben und waren damit die Vorfahren mehrer europäischer Völker, die wir heute namentlich benennen können. Eine Kultur, die im Laufe der Jahrhunderte aus dieser Vermischung im heutigen Süden Deutschlands, in Österreich, in Tschechien und Ungarn entstand, war die keltische.

Megalithstein in Frankreich

Blick zurück: Die Bronzezeit

An vielen Plätzen in Europa finden wir prähistorische Steinsetzungen. Wohl am bekanntesten sind Stonehenge im Süden Englands und Carnac in der Bretagne. Vermutlich hat fast jedes Land Zeugen aus der Zeit der rätselhaften Steinsetzer innerhalb seiner Grenzen vorzuweisen – in Form von beeindruckenden „Hünengräbern" etwa, oder als Menhire, Dolmen, urzeitliche steinerne Kalenderanlagen … Nun, über die Kultur der rätselhaften Zivilisationen in Stein- und Bronzezeit weiß man allerdings sehr wenig. Wir sollten uns jedoch davor hüten zu glauben, dass unsere Vorfahren vor 5000 Jahren zottelige Keulenschwinger gewesen sind, die gerade von den Bäumen herabgestiegen waren, um schnell mal riesige Steine aus einem Steinbruch zu hauen, diese ein paar hundert Kilometer zu transportieren und damit einen riesigen Kalender zu basteln, der für mehrere Jahrhunderte Himmelsverläufe genau zu fixieren im Stande war. Das passt nicht zusammen.

In der Nähe vieler Megalithgräber finden sich keltische Spuren, die darauf hinweisen, dass die Kelten

Bronzebeil

oftmals ihre Verstorbenen dort begruben. Auch waren Steinsetzungen in der keltischen Kultur Kultstätten. Möglicherweise war das alte Wissen und die Nutzung jener Orte von den vorhergegangenen Zivilisationen auf die Kelten übertragen worden. Man brachte sie mit der Anderswelt in Verbindung.

Zivilisation braucht Zeit

Wenn man die Lesbarkeit erster keltischer Spuren im Sand der Geschichte heute ungefähr auf das Jahr 800 v. Chr. datiert, dann sollte man sich, wie gesagt, dessen bewusst sein, dass keine historische Zivilisation so mir nichts dir nichts plötzlich auf der Bildfläche erscheint – mit ausgereifter Sprache und eigenständiger Lebensart. Es bedeutet einfach nur, dass die Historiker und die Archäologen momentan noch keine älteren Hinweise auf ihr genaues Entstehungszeitalter geben können. Aber wie sah Mitteleuropa vor jener Epoche aus, die man heute als Hallstatt-Zeit bezeichnet? Es ist ein genaueres Hinschauen wert.

Die geschichtliche Zeitrechnung sieht folgendermaßen aus: Alles, was sich vor dem Jahre 7000 v. Chr. abspielte, wird als Altsteinzeit bezeichnet, der Fachbegriff dafür ist Paläolithikum. Die Mittlere Steinzeit (Mesolithikum) dauerte etwa von 7000 bis 4000 v. Chr.. Bis zum Jahre 2000 v. Chr. schloss sich die Jungsteinzeit (Neolithikum) an. Die Frühe Bronzezeit dauerte von 2000 bis 1300 v. Chr. und die Spä-

Steinzeitmenschen

te Bronzezeit anschließend ungefähr bis zum Jahr 750 v. Chr.. Die rund 1200 Jahre von 750 v. Chr. bis 500 n. Chr. werden als Eisenzeit bezeichnet. Um das Jahr 500 n. Chr. begann das Mittelalter. Bezogen auf die historischen Kelten liegt das Augenmerk auf der Eisenzeit.

Eine Kultur vor der Kultur

Als sich in der Mittleren Steinzeit Einwanderer aus dem Mittleren Osten in Südeuropa niederließen, brachten sie die Landwirtschaft auf den Kontinent, der bisher von Jägern und Sammlern bewohnt wurde. Die Menschen aus dem Osten sorgten dafür, dass die Bevölkerungszahlen in Europa deutlich anstiegen, und die Wanderungen der Ankömmlinge zogen sich entlang des Rheins und der Donau in die fruchtbarsten Regionen. Für die Zeit gegen Ende der Jungsteinzeit können Archäologen erste befestigte Dörfer nachweisen, was den Schluss zulässt, dass die Bewohner von äußeren Feinden bedroht wurden. Ob es sich dabei um Nachbarn oder Neuankömmlinge handelt, ist nicht bekannt. In der knapp 1300 Jahre dauernden Bronzezeit entstanden die imposanten Steinsetzungen, die wir heute noch bewundern können. Zu jener Zeit blühten die Regionen, in denen das Rohmaterial für die Herstellung von Waffen und Werkzeugen und von Utensilien für den täglichen Gebrauch vorkam, deutlich auf. Weitreichende Handelsverbindungen entstanden bis in den Mittleren Osten. Die Gesellschaft veränderte sich: Es entstanden Aristokratien und abgrenzbare Bevölkerungsschichten.

Unterschätzte Vorfahren

Die Europäer der Bronzezeit besaßen vermutlich große schöpferische Fähigkeiten und Kräfte, die von den Altertumsforschern lange Zeit unterschätzt worden sind. Sie schufen Meisterleistungen wie die Megalithanlage von Stonehenge, in dem sie die riesigen Felsbrocken rund 400 Kilometer weit an ihren Zielort, die Ebene von Salisbury, transportierten und damit eine Art Steincomputer schufen, der in der Lage war, Mond- und Sonnenfinsternisse für 300 Jahre exakt vorauszusagen. Die spärlichen Darstellungen aus dieser frühen Zeit – Plastiken, Höhlenmalereien – lassen den Schluss zu, dass es damals nicht nur eine gesellschaftliche, sondern auch eine religiöse Elite gab.

Eine neue Kultur zu Beginn der Eisenzeit

Mit Beginn der Eisenzeit machte sich zwischen den Alpen und Thüringen eine Zivilisation bemerkbar, die sich von ihren Nachbarn durch kulturelle Fixpunkte sprachlicher, religiöser, modischer und technischer Natur deutlich unterschied. Man vermutet heute, dass sie in dieser Form zu jener Zeit etwa seit 400 Jahren bestand. Diese Kultur hatte eine Haltbarkeit, die sich über acht weitere Jahrhunderte erstreckte. Erst um die Zeitenwende, nachdem Cäsars Truppen Gallien erobert hatten, ging sie in die römische über. Da diese Kultur keine geschichtlichen Werke hinterließ, die Selbstauskunft hätten geben können, sind wir heute, was das Schriftliche betrifft, auf die Aufzeich-

Rekonstruiertes Steinzeitdorf in Kussow

nungen römischer und griechischer Autoren angewiesen.

Und diese Quellen sind mit Vorsicht zu genießen. Denn den meisten Berichterstattern, die zu jener Zeit über die Kelten schrieben, ging es nicht um journalistisch einwandfreie Arbeit. Sie hatten oft eine klare Aufgabe: nämlich die „Barbaren" gegenüber der eigenen Kultur in ein schlechtes Licht zu rücken und damit durchaus auch Kriege gegen die keltischen Nachbarn zu rechtfertigen. Was wir jenen Schreibern jedoch verdanken, sind unter anderem erste Benennungen: Die Griechen etwa verwendeten Begriffe wie „Keltoi", Keltai" oder „Galatoi".

Die Römer nannten die Kelten „Celtae" oder „Galli". Die germanischen nördlichen Nachbarn verwendeten den Namen „Welsche", einen Begriff, der heute noch präsent ist: Man denke an Bezeichnungen wie „Wales", „Cornwall", „Wallis", „Wallonen" oder „Kleinwalsertal". In der eigenen Sprache der Kelten bedeutet „Keltoi/Keltai" soviel wie „die Kühnen".

Eine Frage der Sichtweise

Was man als „keltisch" bezeichnet und was nicht, wird in den einzelnen wissenschaftlichen Disziplinen, die sich mit der Thematik beschäftigen, oft unterschiedlich betrachtet. Archäologen legen dabei den Schwerpunkt auf das, was sie aus dem Staub der Geschichte herausbuddeln, und diese Fundstücke sind materieller Natur. Ethnologen interessieren sich hauptsächlich für Gemeinsamkeiten in Bezug auf Sitten und Gebräuche sowie religiöse und weltanschauliche Themen. Sprachwissenschaftler natürlich sehen den Gebrauch einer gemeinsamen Sprache als Indiz für belegbares Keltentum. Die Sache wird für ernsthafte Forscher natürlich nicht einfacher, wenn eigene schriftliche Vermächtnisse einer Kultur nahezu gänzlich fehlen und die griechisch-römischen Chronisten, wie schon erwähnt, jene Kultur von außen und sehr subjektiv betrachten und beschreiben.

Barbaren plündern Rom.
Gemälde von Joseph-Noel Sylvestre, 1890

Keine Nation,
kein geschlossenes Volk

Die Kelten waren also niemals eine Nation nach unserem heutigen Verständnis, niemals ein geschlossenes Volk. Es handelte sich um zahlreiche Volksstämme, die zwar oft miteinander verwandt waren und die sich von den Nachbarvölkern durch kulturelle und sprachliche Gemeinsamkeiten abgrenzten und unterschieden. Akademisch strenge Archäologen richten ihren Blick hauptsächlich auf den Zeitraum zwischen dem achten Jahrhundert v. Chr. und den Jahrzehnten kurz vor der Zeitenwende, also vom Beginn der so genannten Hallstatt-Kultur bis zum Ende der so genannten Latènezeit. Beide Kulturen wurden nach den zwei bedeutendsten archäologischen Fundstätten bezeichnet.

Geht man vom Standpunkt der Sprachwissenschaftler aus, waren Kelten diejenigen, die keltisch sprachen. Demnach dürften sich heutzutage nur Menschen in Irland, Schottland, Wales und in der Bretagne als Kelten bezeichnen.

Sichtbare Spuren

Die Archäologen haben keltische Spuren in großen Teilen Mitteleuropas gefunden: zwischen den Britischen Inseln, dem Norden der Iberischen Halbinsel, dem nördlichen Rand der deutschen Mittelgebirge und der Poebene bis nach Westungarn, Slowenien, Nordkroatien und der Ukraine. Hinzu kam ein keltisches Siedlungsgebiet in Anatolien. Die Nachbarn in der Antike waren die Etrusker in

Der „Krieger von Hirschlanden" aus dem sechsten Jahrhundert v. Chr. ist die älteste nördlich der Alpen gefundene Sandsteinstatue, die einen Kelten darstellt.

Osten, im Südosten die Griechen, Thraker und Skythen. Große Teile dieser Gebiete wurden später römisch. Im Norden lebten germanische Stämme.

Über eine urkeltische Sprache ist nichts bekannt, die einzelnen keltischen Dialekte zählt man zum indogermanischen Sprachenkreis.

Bei den keltischen Sprachen unterscheidet man heute zwischen Festlandkeltisch (Gallisch, Galatisch, Keltiberisch, Lepontisch in Oberitalien, Bretonisch) und Inselkeltisch (Irisch, Schottisch-Gälisch, Manx, Kymrisch, Kornisch).

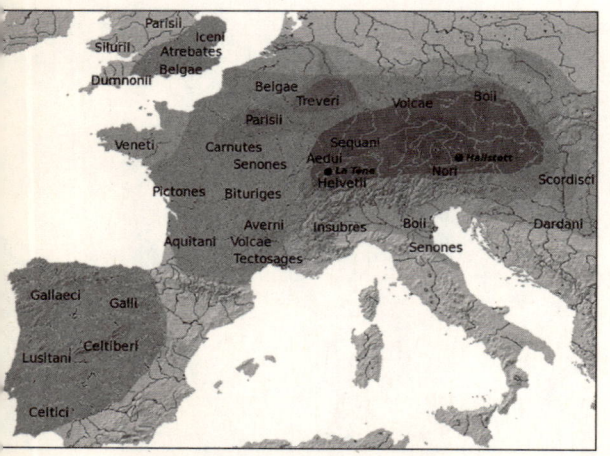

Die Verbreitung der keltischen Kultur zur Hallstattzeit

Eine Kultur mit zwei Gesichtern

Die schriftlichen Auskünfte über die Kelten sind also mit Vorsicht zu genießen. Es mag nicht verwundern, wenn man behauptet, dass die römischen Gewährsleute voreingenommen berichtet haben. Hitzköpfig und versoffen, chaotisch und ungepflegt – eben Barbaren, das ist einer der gemeinsamen Nenner, den wir beim Durchlesen der literarischen Hinterlassenschaft Roms erkennen können. Ganz gegensätzlich liest sich später Geschriebenes, das Kelten als feinsinnige Dichter und virtuose Musiker, als Philosophen und Künstler in den höchsten Tönen lobt.

Allerdings handelt es sich dabei um die Rückschau frühmittelalterlicher Mönche, deren Fantasie die Enge karger Klosterzellen durchaus überwinden konnte. Verlässlicher ist da schon das, was man sich anschauen kann: die prächtigen Funde der Archäologen in den Museen. Schmuck von beeindruckender, zeitloser Schönheit, der von genialer Goldschmiedekunst zeugt.

Das keltische Dach

Die Stämme, die der keltischen Kultur angehörten, waren durch eng miteinander verwandte Dialekte verbunden, die der indoeuropäischen Sprachfamilie entstammten. Von der Hallstattzeit bis zur Eroberung durch Cäsar teilten sie eine Kultur, die materielle wie geistige Gemeinsamkeiten hatte, was sicherlich ein Gefühl der Zusammengehörigkeit bewirkte. Man kann sich die keltische Kultur als ein Dach vorstellen, unter dem sich im Laufe mehrerer Jahrhunderte sprachliche und kulturelle Elemente miteinander verbunden haben. Im heutigen Frankreich und den Beneluxländern links des Rheins trafen die Römer und die Griechen am häufigsten mit der keltischen Kultur zusammen.

Die Kelten schufen wunderbare Kunstwerke.
Schale aus dem Prunkgrab von Schwarzenbach

Was uns von den Kelten sichtbar erhalten geblieben ist, sind Gräber mit prachtvollen Beigaben, Gebäuderuinen, Heiligtümer in der Natur und vor allem faszinierende Kunstgegenstände.

Kelten sind nie als politische Einheit aufgetreten. Mit einer einzigen Ausnahme, als es im Gallischen Krieg gegen Cäsars Armee ging.

Händler und Bauern

Durch den aufblühenden Handel wurden keltische Stammesfürsten, deren Territorien an wichtigen Handelswegen lagen oder solche, die reiche Erzvorkommen in ihren Gebieten hatten, sehr reich. Sie schufen gewaltige Mauern um ihre Wohnanlagen, um sich vor Feinden zu schützen und sicherlich auch, weil sie ihre Macht damit demonstrieren wollten.

Auf den britischen Inseln übernahmen die Bewohner im fünften Jahrhundert Sprache und Kultur der Kelten vom Kontinent, deren Handelspartner sie schon seit längerer Zeit waren. Wenn auch meistens die Rede von reichen Keltenfürsten ist, auch von reisenden Händlern und Druiden, so war die überwiegende Mehrheit der Bevölkerung

Keltische Bauernhäuser im Keltendorf Altburg

Bauern, die ihre Familien in erster Linie mit einem Getreidebrei aus Dinkel und Gerste ernährten. Dazu erntete man Erbsen, Linsen und Hirse, hielt Schweine und Rinder. Die Häuser der Bauern waren aus Holz, Flechtwerk und Lehm gebaut, für die Dächer verwendete man Holzschindeln und Stroh. Im Kontrast zu den bescheidenen Bauerndörfern standen die keltischen Städte. Nach dem Vorbild römischer oder griechischer Urbanisationen waren sie planmäßig angelegt worden und boten tausenden Menschen Platz und Schutz. In den Städten wurde Recht gesprochen, man prägte Münzen, ging spezialisierten Berufen nach und benutzte, wenn es etwas aufzuschreiben gab, die lateinische oder griechische Sprache. Dass die Kelten Bier brauten, wurde von römischen Chronisten erwähnt. Das keltische Wort für Bier *Cervisia* gelangte als Fremdwort in die lateinische Sprache. Laut Cäsar bezeichneten sich die Gallier selbst als „Celtae". Wie sich die anderen nannten, darüber gibt es keine Quellen.

Stichwort: Hallstattkultur

Etwa zwischen den Jahren 800 und 750 v. Chr. entwickelte sich zwischen dem heutigen Österreich und dem Osten Frankreichs die Hallstattkultur. Im Laufe der Jahre breitete sie sich bis in das nordwestliche Ungarn, in den Süden der Slowakei, nach Tschechien, Süddeutschland, die Schweiz und Ostfrankreich aus. Die österreichische Gemeinde Hallstatt am gleichnamigen See ist Namensgeberin. Hier hat der Erdboden den Archäologen

vieles preisgegeben, vielfach in reich ausgestatteten Prunk- und Fürstengräbern. Was man fand, lässt auf ausgedehnte Handelsbeziehungen der Kelten schließen. Man grub beispielsweise Waren aus, die in Griechenland, im westlichen Mittelmeerraum, ja sogar in Persien hergestellt worden waren. Für die Hallstattzeit typisch sind befestigte Höhensiedlungen, in denen man anhand entsprechender Funde auf eine Klassengesellschaft schließen konnte. Hallstatt heißt wörtlich übersetzt so viel wie „Salzstätte". Der Name kommt nicht von ungefähr, denn seit der Antike war das weiße Gold der Region begehrt. Im Jahre 1734 wurde hier der „Mann im Salz", ein keltischer Bergmann, gefunden.

Erkenntnisse aus Gräbern

Auf einem prähistorischen Friedhof boten rund 2000 Gräber den Altertumsforschern Unmengen an Anschauungsmaterial; denn der Erdboden gab hier unterschiedliche Bestattungsversionen frei – vom einfachen Kleine-Leute-Grab bis zum prächtig mit wertvollen Beigaben ausgestatteten Prunkgrab der reichen Oberschicht. Das Herz jedes Archäologen vor Ort mag höher geschlagen haben beim Anblick der zutage beförderten Gefäße aus Bronze oder der wunderbar gearbeiteten Schmuckstücke. Die Hallstattzeit war eine bedeutende geschichtliche Epoche. Aus der heutigen Türkei hatte sich die Herstellung von Eisen schrittweise bis in das Herz Europas verbreitet und die Bronzezeit abgelöst. Der Rohstoff Eisenerz kommt in der Geografie

Die Hallstatt-kultur hatte ihren Kern in der Mitte Europas.

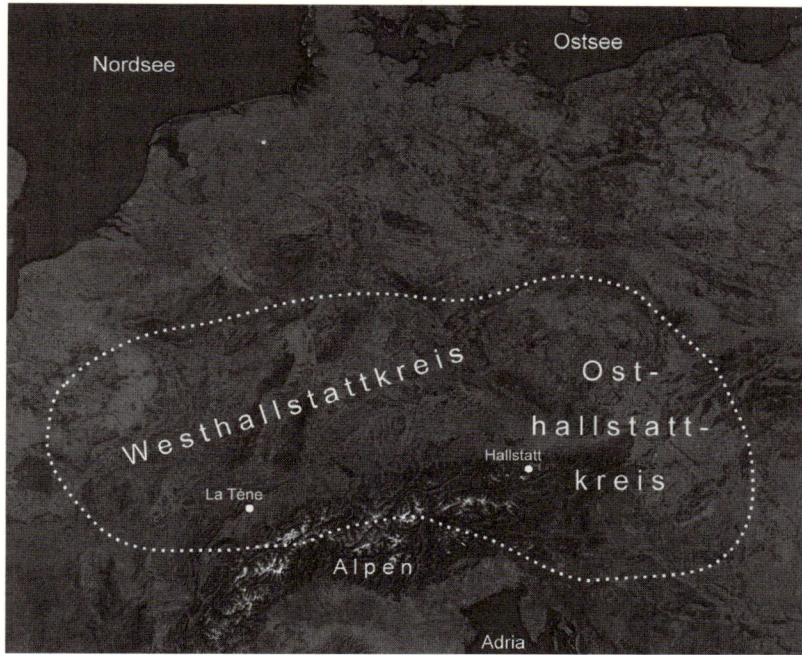

öfter vor, kann leichter abgebaut werden als die für die Gewinnung von Bronze nötigen Rohstoffe Kupfer und Zinn. Dadurch war Eisen billiger und verbreitete sich schnell, zudem es das weitaus härtere Material ist. Zu jener Zeit setzte sich die Körperbestattung durch und löste die bis dato gängige Urnengräberkultur ab. Verstorbene wurden in hölzerne Grabkammern gelegt, über die man einen künstlichen Hügel anlegte. So entstanden riesige Grabhügelfriedhöfe, auf denen sich oft große Familiengräber befanden. Die untersuchten Gräber lassen viele Schlussfolgerungen zu, die uns heute helfen, ein klareres Bild von den Kelten zu bekommen. Vermutlich haben die Kelten an ein Weiterleben nach dem Tod geglaubt, denn in vielen Gräbern fanden sich Tontöpfe mit Nahrung, die man den Dahingeschiedenen auf ihrem Weg mitgegeben hatte. Rund drei Dutzend Gräber in Hallstatt waren vermutlich die Ruhestätten hochadeliger Kelten, sie enthielten äußerst wertvolle Schmuck- und Waffenbeigaben. Einige Tote waren in ihren Pferdewagen begraben. Bei den Untersuchungen der Skelette stellte sich heraus, dass die Männer eine Lebenserwartung von knapp 40 Jahren hatten. Frauen starben im Durchschnitt fünf Jahre früher. Es fanden sich auch Skelette von Menschen, die mehr als 70 Jahre alt geworden waren. Die Männer waren im

Schnitt 1,72 Meter groß, die Frauen maßen 1,59 Meter. Damit waren die Kelten für die Antike durchaus große Menschen, was auf eine qualitativ hochwertige Lebensführung hinweist.

Stichwort: Latènekultur

Zu Beginn des fünften Jahrhunderts v. Chr. entwickelte sich die Latènekultur aus der vorhergegangenen Hallstattkultur zu einer eigenständigen Kultur- und Kunstform. Namensgeberin war der Ort La Tène am Neuenburger See in der Schweiz. Die Verbreitung der Latènekultur erstreckte sich von Frankreich über die Schweiz, Süddeutschland, Österreich bis nach Ungarn. Typische Kunstgegenstände, die über Handelsrouten dorthin

gelangt waren, fand man auf den britischen Inseln wie auch in Skandinavien. Besonders der Schmuck aus jener Zeit, aus Metall wie aus Glas, ist beeindruckend. Ebenso Steinplastiken. Aus Einflüssen seitens der Griechen, Etrusker oder Italiker hatten die Kelten einen völlig neuen Kunststil geschaffen, der kaum Gemeinsamkeiten mit anderen hatte.

Die bewegliche Kultur

Für die Verbreitung der keltischen Kultur in Europa gibt es verschiedene Gründe. Wanderungen? Ja, die gab es. Raubzüge? Auch. Kolonisierungen? Ebenfalls. Gleichsam aber auch die Weitergabe von Sprache, Religion, Sitten und Gebräuchen

Etruskischer Wagen aus einem
Hallstatt-Prunkgrab in Hallein

und vor allem von Techniken aus praktischen und ästhetischen Gründen.

Es ist nicht einfach, die Verbreitungswege der keltischen Kultur innerhalb Europas genau zu bestimmen. Es existierten Völker, die aus praktischen Beweggründen damit begannen, keltisch zu sprechen und Sitten und Gebräuche zu übernehmen, weil sie ihnen sympathischer waren als ihre bisherigen. So wird es beispielsweise am Niederrhein gewesen sein, wo man die in der Antike ansässigen Stämme heute als keltisierte Germanen bezeichnet. Die Menschen dort wurden nicht kolonialisiert oder umerzogen, ihre hierarchischen Strukturen blieben bestehen, es gab keine neuen Machthaber oder Besetzer. Zudem war es einfacher, mit Nachbarn Handel zu treiben, wenn man in der gleichen Sprache redete. Es gab auch vereinzelt wandernde keltische Stämme, die sich andernorts niederließen. Ebenso Söldnergruppen, die nicht an ihren Ursprungsort zurückkehrten. Man nimmt an, dass auf diese Weise die Siedlungen der Galater in der Zentraltürkei entstanden sind.

An chemischen Ablagerungen in menschlichen Knochen und Zähnen lässt sich erkennen, ob ein Mensch dort aufge-

Von La Tène in der Schweiz breitete sich die zweite große keltische Kultur aus.

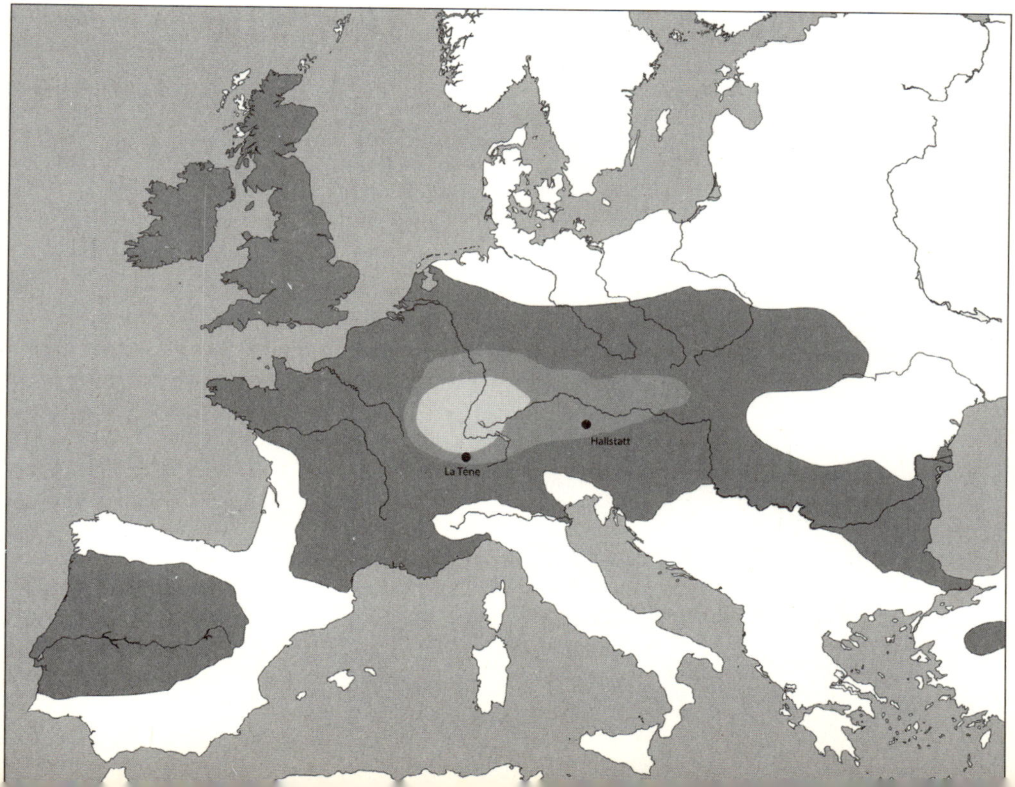

wachsen ist, wo man sein Skelett gefunden hat oder ob er ein Einwanderer war. Entsprechende Untersuchungen haben bisher keine Anhaltspunkte auf größere Einwanderungen etwa von Festlandkelten auf die Britischen Inseln ergeben.

Ein keltischer Krieger tötet sich und seine Frau. Statue im Museo nazionale romano di palazzo altemps

In alle vier Richtungen

Keltische Stämme wanderten im sechsten Jahrhundert v. Chr. über die Pyrenäen in das heutige Spanien ein, sie ließen sich im Nordwesten der Iberischen Halbinsel nieder und vermischten sich mit der einheimischen Bevölkerung. So entstanden die Galizier. Um 400 v. Chr. überquerten mehrere Keltenstämme die Alpen, um sich in der Gegend um die heutigen Städte Mailand, Verona und Brescia niederzulassen. Dort waren Acker- und Weideland und auch das Klima war angenehmer. Die bislang ansässige etruskische Bevölkerung wurde größtenteils vertrieben. Aus Gallia cisalpina, wie die Römer das neu besiedelte Gebiet nannten, drangen immer wieder keltische Raubzügler in den Rest des Stiefels – manchmal bis hinunter nach Apulien.

Dass es keltische Siedlungen im heutigen Polen, in der Ukraine und sogar in Russland gegeben hat, haben Archäologen ebenfalls nachweisen können. Um das Jahr 200 v. Chr. erreichte die keltische Kultur ihre größte Ausbreitung. Im Bereich der nördlichen rechtsrheinischen Mittelgebirge ging sie im ersten Jahrhundert wieder zurück, als germanische Stämme nach Süden vorrückten.

Siedler und Söldner

Etwa zur gleichen Zeit, als man sich im Norden des heutigen Italiens breit machte, entstanden auch am Schwarzen Meer, auf der Halbinsel Krim und in Nordgriechenland Keltensiedlungen. Alexander der Große freute sich über die Kampf-

kraft der wilden Männer und heuerte viele von ihnen für seine Züge gegen die Illyrer an. 20 000 Kelten waren Anfang des dritten Jahrhunderts v. Chr. in Griechenland unterwegs, plünderten 279 v. Chr. Delphi und viele verdingten sich als Söldner. Oben in der Hochebene Anatoliens ließen sie sich schließlich nieder

Alexander der Große

und gründeten dort Galatien, das Mitte des ersten Jahrhunderts v. Chr. zur römischen Provinz wurde. Zu jener Zeit waren die Kelten in Spanien schon längst in die Abhängigkeit Roms geraten und 191 v. Chr. hatten die Römer bereits das cisalpine Gallien übernommen. Nachdem Cäsar 51 v. Chr. den sieben Jahre dauernden Gallischen Krieg gewonnen hatte, folgten der Rest Galliens und im Jahrhundert danach auch Britannien. Lediglich ein großer Teil Schottlands und die irische Insel blieben römerfrei und konnten ihr Keltentum bewahren. Viel später sollten sich durch die Angelsachsen in Bedrängnis gebrachte britannische Kelten in die Boote setzen und den Kanal Richtung Festland überqueren, wo sie in der Bretagne eine neue Heimat fanden.

Die Zeit der „Gallorömer"

Nach der Eroberung des nördlichen Voralpenraumes und Galliens unter Cäsar und Augustus wurde das Keltenland in verschiedene römische Provinzen aufgeteilt. Nach der Zeitenwende verschmolzen keltische und römische Kulturelemente zur gallorömischen Kultur im Westen und der norisch-pannonischen Kultur im Osten. Bis in die Spätantike erhielten sich einzelne Elemente der alten keltischen Kultur.

Das Verhängnis hatte im Jahre 58 v. Chr. seinen Anfang genommen, als die Haeduer, der größte Stamm Galliens, mit befeindeten Nachbarn im Streit lagen und auf die Idee kamen, den römischen Feldherrn Julius Cäsar um Hilfe zu bitten. Cäsar nahm dies zum Anlass, den

feindlichen Stamm bei Bibracte zu besiegen und, wo man nun schon mal vor
Ort war, gleich die gesamte Region im
Sinne Roms zu unterwerfen. Auch die
Haeduer selbst stellten sich danach gegen
die Römer, die aber längst schon Gefallen daran gefunden hatten, das keltische
Land Schritt für Schritt kriegerisch zu
erobern.

generell als Feinde der „zivilisierten Welt"
zu betrachten und sie abwertend als Barbaren zu bezeichnen. Andererseits trieb
man Handel miteinander und schaute sich
Brauchbares, speziell aus keltischer Technik, gerne ab.

Ungefähr um das Jahr 480 v. Chr.
brach das Zeitalter der Latènekultur an,
die, was die Kunststile jener Zeit betrifft,

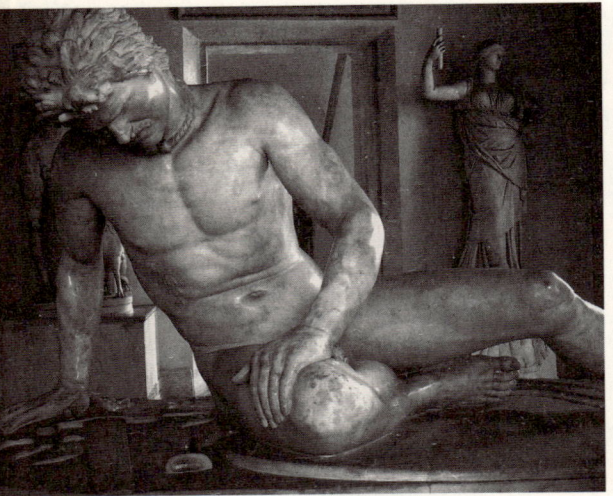

*Der sterbende Gallier. Kapitolinische Museen,
Rom*

*Der keltische Feldherr Brennus in Rom.
Gemälde von Paul Josef Jamin, 1893*

Aus Sicht der Römer

Die römischen Chronisten reduzierten die
Kelten nicht selten auf blutrünstige Barbaren mit unmenschlichen Opferriten. Die
Angriffe keltischer Truppen auf Rom und
Delphi brannten sich tief in das allgemeine Unterbewusstsein der Römer ein, was
dazu führte, dass es üblich war, die Kelten

von mediterranen und osteuropäischen
Einflüssen geprägt ist. Keltische Gruppen,
die sich in Oberitalien niedergelassen
hatten, belagerten zu Beginn des vierten
vorchristlichen Jahrhunderts unter ihrem
Heerführer Brennus Rom, was ein lang-

anhaltendes Trauma im Bewusstsein der römischen Bevölkerung bewirkte. Im Laufe der folgenden Jahrhunderte drangen andere Stämme bis nach Griechenland und in die heutige Türkei vor. Die Galater in Zentralanatolien fanden viel später noch Erwähnung im Neuen Testament. Nicht immer kam es allerdings zu Eroberungs- oder Verdrängungsversuchen, es gab auch Nachbarvölker, die dem keltischen Besuch durchaus Brauchbares und für sie Sinnvolles abgewannen und keltische Kulturelemente und Sprache übernahmen. Ebenso gab es Phasen der Rückwanderung keltischer Stämme in die Gebiete, die sie einst verlassen hatten. So nahmen Rückkehrer in den Alpenraum, die lange in Norditalien gelebt hatten, Kulturelemente der Etrusker oder Römer mit zurück. Gleichzeitig hatte eine Beeinflussung von Roms Kultur zu jener Zeit seitens der Kelten stattgefunden.

Eroberer aus Ost und West

Zu Beginn des dritten nachchristlichen Jahrhunderts überfielen immer häufiger germanische Eindringlinge die nördlichen Provinzen des Römischen Reiches, was nach und nach zum Ende der gallorömischen Kultur führte. Im Osten kam das Ende der norisch-pannonischen Kultur spätestens zu Beginn der Hunneneinfälle im frühen fünften Jahrhundert. Zu jener Zeit waren im Westen die Franken an die Macht gekommen. Sie hatten die ursprüngliche Bevölkerung jedoch nicht verdrängt, sondern nur die entsprechenden Führungspositionen übernommen

Römer treffen am Rhein auf Germanen. Ölbild von Friedrich Tüshaus (1832 bis 1885)

und oftmals bestehende Verwaltungsstrukturen beibehalten. Im Laufe der nächsten zwei Jahrhunderte übernahmen dann aber auch Bewohner der nun fränkischen Reichsgebiete die Kultur und Sprache der germanischen Franken. Bereits in römischer Zeit hatte eine Ausbreitung des Christentums begonnen, die sich unter den Franken festigte. Lediglich in der Moselregion hielten sich bis in das Mittelalter kleine Reste der gallorömischen Kultur und Sprache.

Sprache und Mythos

Die Römer sorgten relativ schnell dafür, dass auf dem Kontinent, mit kleineren Ausnahmen, die keltische Sprache verschwand. Latein war nun das, was man allgemein zu sprechen hatte. Von den eisenzeitlichen Kelten ist keine Literatur bekannt. Manche Keltenforscher vermuten, dass Überlieferungen der Festlandskelten in die britischen Erzählungen späterer Zeit (frühes und hohes Mittelalter) mit eingeflossen seien. Was die Mythen der Inselkelten betrifft, so sind verschiedene Zyklen überliefert. Darüber an anderer Stelle mehr.

Die nördliche Sprachgrenze auf dem Festland ist heute nicht mehr konkret bestimmbar. Unterhalb der Alpen wurden keltische Dialekte bis in die Po-Ebene hinein gesprochen. In Wales blieb Walisisch oder Kymrisch erhalten. Seit dem Jahre 1922 ist Irisch in Irland neben dem Englischen offizielle Amtssprache. In Schottland wird noch in den Highlands und auf den Hebriden Gälisch gesprochen. In der französischen Bretagne ist das Bretonische noch verbreitet. Ausgestorben sind Manx auf der Insel Man sowie Kornisch in Cornwall. Seit einigen Jahren laufen Bestrebungen, beide Sprachen wiederzubeleben.

Das Ende der Hohen Kultur

Archäologen haben bei ihren Arbeiten herausgefunden, dass etwa um das Jahr 80 v. Chr. die keltischen Städte in Süddeutsch-

Der längste keltische Ortsname findet sich in Wales.

land plötzlich verfielen. Was war geschehen? Wieso brach eine so hoch entwickelte Zivilisation so plötzlich zusammen? Sind Seuchen aufgetreten? Gab es Dürrekatastrophen und Missernten? Waren plündernde Germanen die Ursache? Die Römer können für diese Zeit nicht verantwortlich gemacht werden. Noch rätseln die Forscher. Vielleicht wird sich eines Tages eine Antwort darauf finden.

Was ist geblieben?

Rund ein halbes Jahrtausend hielten die Römer Gallien besetzt. Wobei ihr Einfluss auf die Bildung einer neuen Kultur aus der Vermischung ihrer römischen Traditionen, Alltagsgewohnheiten und politischen Gebilde mit denen der keltischen Vorgänger regional unterschiedlich war. Während der südliche Teil des heutigen Frankreichs stark von Rom beeinflusst wurde, nahm dieser nach Norden hin mehr und mehr ab. Nach dem Zusammenbruch des Römischen Reiches übernahm in der südlichen Region die Kirche im fünften Jahrhundert auch mehr und mehr die staatliche Autorität, zumindest bis die Franken die Herrschaft übernahmen. Nach dem Übertritt von Chlodwig I. zum Christentum besetzten die fränkischen Landesherren viele politische Ämter in Südgallien mit Gallo-Römern. Ein bedeutender Kopf des fünften Jahrhunderts war Sidonius Apollinaris, dessen literarisches Vermächtnis gute Einblicke in gallische Verhältnisse in der späten Antike gibt.

Noch vor dem Ende des weströmischen Reiches war die norisch-pannonische Kultur in die der von Norden vorrückenden Germanenstämme aufgegangen. Als die ehemals römische Provinz im fünften Jahrhundert von den Hunnen eingenommen wurde, verschwanden ihre Reste.

Zahlreiche heute noch gebräuchliche Orts-, Gelände- und Gewässernamen gehen zwischen Mittelrhein und Alpen auf ursprünglich keltische Bezeichnungen zurück. Das bedeutet durchaus, dass während der Völkerwanderungszeit neu entstandene Bevölkerungsgruppen keltische Sprach- und auch kulturelle Elemente übernommen haben.

Kein keltisches Gen

Nach der Vereinnahmung durch Rom blieb der große Teil Europas, in dem einst die keltische Kultur dominierte, mehr als 400 Jahre unter dem deutlichen Einfluss der Siegermacht. Einstmals Keltisches ging in die gallorömische Mischkultur auf. Als dann germanische Stämme als neue Machthaber auftraten und später das Christentum zu dominieren begann, schmolzen auch die letzten keltischen Kulturüberbleibsel wie Schneemänner in der Märzsonne. Nur in den Randbereichen Europas erhielten sich Kultur und Sprache und entwickelten sich weiter. Aber auch dort gab es über die Jahrhunderte Vermischungen mit Nachbarn und Besuchern von außerhalb, die ihre Gene mit einbrachten.

Versuche von Wissenschaftlern, ein „keltisches Gen" zu orten, können nicht gelingen.

Was sind eigentlich wandernde Völker?

Das Wort „Völkerwanderung" klingt nach Aufbruch, Reise und Ankunft. Und es klingt nach großer Menschenmenge. Mit Sack und Pack, mit Kind und Kegel, alles per Pferd und Wagen und zu Fuß von A nach B transportierend, ohne zu wissen, was einen dort erwartet – wenn

Chlodwigs Taufe. Gemälde des Meisters von Saint Gilles, 1500

Während der Völkerwanderungszeit war viel Bewegung in Europa.

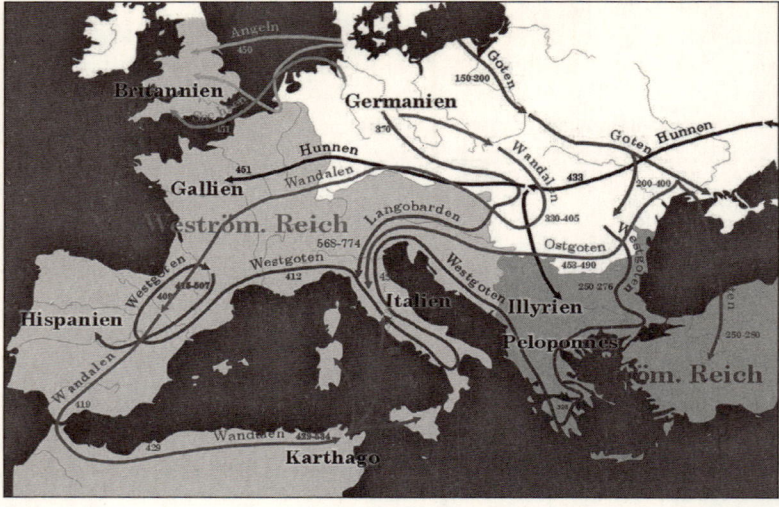

ein Volk Häuser und Höfe aufgibt und komplett auswandert, dann tut es dies nicht einfach so, ohne Grund. Entweder haben sich die Lebensbedingungen in der bisherigen Heimat so verschlechtert, dass eine Auswanderung die einzige Überlebenschance bietet. Oder man wird aus seinem angestammten Terrain fortgeschickt, zum Beispiel wenn Eroberer das Land für sich und ihre Leute beanspruchen. Dies ist allerdings historisch betrachtet nicht so oft der Fall gewesen, wie man denken mag, wenn man oberflächlich über Völkerwanderungen liest. In den Geschichtsbüchern wird die spätantike Völkerwanderung gemeinhin in die Zeit zwischen den Jahren 375 und 568 n. Chr. datiert. 375 deshalb, weil in jenem Jahr zum ersten Mal die Hunnen in Südrussland erwähnt werden und 568, weil damals die Langobarden von der mittleren Donau nach Italien zogen und sich

danach weit weniger Bewegungen nachweisen lassen.

Es fällt in diesen Zeitraum von knapp 200 Jahren, dass das zuvor schon stark römisch beeinflusste Keltentum auf dem Kontinent zu großen Teilen in sich neu bildende Kulturen aufging und danach nur noch marginal eine Rolle spielte. Und auch was die Bewegungen keltischer Völker in den Jahrhunderten davor betrifft, so sollte man es sich nicht zu einfach machen und glauben, dass es immer Wanderungen der gesamten Stämme waren. Manchmal wurden Völker zu groß für ihr angestammtes Gebiet und es machten sich Teile von ihnen auf den Weg, bislang unbesiedeltes Land zu suchen um dort zu leben. Und sicherlich gab es auch gewaltsame Landnahmen. Die Römer sind ein gutes Beispiel für aggressive Expansionen. Halb Europa wurde romanisiert. Aber lebten deshalb

Die gallorömische Zeit hinterließ viele sichtbare Spuren wie das Amphitheater in Nimes.

plötzlich überall Römer? Wohl kaum. Es gab eine Oberschicht, meist Angehörige des Militärs, die sich durchaus im eroberten Land niederließen. Aber die einfachen Soldaten waren zumeist Söldner, oft auch Kelten im Keltenland. Die ursprüngliche sesshafte Bevölkerung, wenn sie nicht, wie im Falle der Eburonen in Nordgallien, mit Gewalt so stark dezimiert wurde, dass kaum etwas von ihr übrig blieb, nahm die Kultur der neuen Machthaber an. Mal mehr, mal weniger. Manchmal nur oberflächlich und formell, ab und an auch gerne, wenn sie praktischer als die eigene war.

Gallier als Römer

In der Zeit der fränkischen Herrschaft über Gallien wurde eine Bevölkerung von neu ins Land Gekommenen regiert – eine Bevölkerung, die zuvor einige Jahrhunderte von Rom dominiert worden war und so eine neue Mischkultur hervorgebracht hatte, die galloromanische. Die Römer hatten zuvor nicht selten fähigen Galliern Staatsämter übertragen. Aus diesen Galliern wurden angesehene römische Bürger. Die gallorömische Epoche wurde von der fränkischen abgelöst, aus der dann später der Staat Frankreich entstand. Was sind nun die heutigen Franzosen? Gallier? Galloromanen? (Germanische) Franken? Wir haben jetzt hier aus Platzgründen die Britannier und die Wikinger (Normannen) außer Acht gelassen, ebenso die Basken und die Katalanen, die Elsässer und Lothringer. Und natürlich auch die Einwanderer aus Nordafrika und den ehemaligen Kolonien.

Gallische Fährtensucher. Ölbild von Evariste Vital Luminais, 19. Jahrhundert

Ein ähnliches Spiel kann man auch mit Deutschland spielen. Kelten? Germanen? Aber die Kelten waren ja gar keine ethnische Gruppe. Aber die Germanen doch, oder etwa nicht? Wenn germanische Stämme „keltisiert" worden sind, waren sie danach Kelten. Aber es gab ja gar kein einheitliches keltisches Volk … Die Frage des verwirrten Lesers, die jetzt aufkommt, könnte lauten: Was ist das eigentlich, ein Volk?

Die Kelten und Rom

In den Asterix-Comics ist der ewige Zwist zwischen Galliern und Römern ein Dauerthema, das sich durch alle Ausgaben zieht. Und auch in diesem Buch wird das Thema „Kelten und Römer" immer wieder auftauchen, denn die Römer waren es schließlich, die die antike

Das Hoheitszeichen des antiken Roms: „Senat und Volk von Rom"

keltische Kultur vor über 2000 Jahren auslöschten und die keltische Bevölkerung in ihr System integrierte.

In Rom galt lange Zeit das Vorurteil, dass das Land nördlich des italienischen Stiefels ein raues sei, in dem nur unzivilisierte Barbaren wohnten. Insofern betrachteten die römischen Menschen die nördlichen Nachbarn auch als bedrohliche, gefährliche Fremde. Als im Winter der Jahre 387/386 v. Chr. keltische Kämpfer sieben Monate lang Rom belagerten, pflanzten sie damit für Jahrhunderte ein Keltentrauma in die kollektive römische Seele. 108 Jahre später plünderten sie Delphi. Während des zweiten Pu-

nischen Krieges von 218 bis 202 v. Chr.
kämpften Kelten aus dem heutigen
Norditalien auf der Seite Hannibals. Um
zumindest die direkten Nachbarn in
Oberitalien in Schach zu halten, brauch-
te Rom zwei verlustreiche, aufreibende
Kriege.

Die Furcht der Römer

Die alte Furcht der Römer vor den Kelten nutzte Julius Cäsar, in dem er die gewaltsame Unterwerfung Galliens schrift-
lich festhielt und mit seinen Schriften der
Bevölkerung signalisierte: „Schaut her, sie
sind besiegt. Jetzt sind wir vor Einfällen
aus dem Norden sicher!" Auch wenn wir
durch ihn einiges über Sitten und Gebräuche der Kelten erfahren haben, so
sind seine geschriebenen Worte doch
auch Propaganda mit dem Ziel, sein krie-
gerisches Tun zu rechtfertigen.
  Acht Jahre benötigten Cäsars Truppen
ab dem Jahr 58 v. Chr., um Gallien von
den Pyrenäen bis an den Rhein zu erobern. Acht Bücher umfassen seine Aufzeichnungen, in denen er detailliert von
den blutigen Schlachten berichtet. Rund
eine Million Opfer, so schätzt man heute,
forderten diese Feldzüge.

Cäsars List

Eigentlich hatten gallische Gesandte die
Römer um Schutz gegen germanische
wie auch innerkeltische Bedrohungen
gebeten. Cäsar nutzte die Gunst der
Stunde für seinen Weg an die Macht und
er präsentierte sich als Helfer, um dann

Die Plünderung Delphis durch die Gallier. Ge-
mälde von Alphonse Cornet (1814 bis 1874)

selbst angreifen zu können. Aufkeimende
Aufstände wurden brutal niedergeschla-
gen. Zweimal überquerte er mit seinen
Söldnern den Rhein und in den Jahren
55 und 54 v. Chr. setzte er ebenso oft

Vercingetorix legt Cäsar seine Waffen zu Füßen. Stich von Alphonse Marie-Adolphe de Neuville (1835 bis 1885)

nach Britannien über. Bald darauf sorgten die anhaltenden römischen Angriffe dafür, dass sich gallische Stämme erstmals zusammenschlossen und als Einheit operierten. Unter ihrem gewählten Anführer Vercingetorix fügten sie den römischen Truppen bei Gergovia in Zentralfrankreich eine empfindliche Niederlage bei.

Doch Cäsar integrierte germanische Söldner in sein Heer und besiegte die keltischen Verbände. Bis zum Jahre 50 v. Chr. unterwarfen sich alle keltischen Stämme Galliens. Ihr Land wurde in das römische Reich integriert.

Der große Nachteil für die keltischen Stämme war ihre hochentwickelte Kultur. Anders als im Germanenland, wo Wildnis herrschte und Angreifer sich verirren oder in Hinterhalte geraten konnten, wie bei der berühmten Schlacht im Teutoburger Wald geschehen, war das keltische Land durch ausgebaute Straßen gut erschlossen, und die nutzten die Römer natürlich für ihre Truppen.

Keltische Geschichte am Beispiel einer Stadt

Im ehemaligen Keltenland gibt es zahlreiche Städte, deren Ursprung gemeinhin in die Zeit der römischen Besatzung datiert wird. Dies ist vielen Menschen auch bewusst. Was aber war vor den Römern? Bei dieser Frage erntet man meistens ein Achselzucken oder ein „Weiß nicht so genau". Schauen wir uns doch mal eine typische mitteleuropäische Stadt an, in der das römische Erbe noch gut sichtbar ist. Zum Beispiel Novaesium, das heutige Neuss. Diese Stadt ist ein gutes Beispiel für eine kontinuierliche Besiedlungsgeschichte, die heute archäologisch für mindestens 6000 Jahre nachweisbar ist.

Um das Jahr 4500 v. Chr. begann die Jungsteinzeit, das so genannte Neolithikum. Auf heutigem Neusser Stadtgebiet lebten zu jener Zeit Menschen, deren Kultur nach dem benannt wurde, was man von ihnen gefunden hat – in solchen Fällen spricht man von Bandkeramischer, Einzelgrab- oder Glockenbecherkultur. Etwa gegen 1800 v. Chr. begann die Bronzezeit, die ungefähr 1000 Jahre dauerte. In ihre Anfangszeit fällt die

Entstehung der Hügelgräber, von denen man heute noch zahlreiche finden kann. Im 13. Jahrhundert v. Chr. wanderten Völker aus dem Balkangebiet bis zum Rhein. Sie brachten eine neue Bestattungskultur mit, die Brandbestattung in Urnen. Davon zeugen heute noch existierende Flachgräberfelder. Wegen dieser auffindbaren Zeugnisse ihrer Existenz wird diese Zivilisation heute als Urnenfelderkultur bezeichnet. Am südlichen Niederrhein besiedelten jene Urnenfelderleute das heutige Stadtgebiet etwa um das Jahr 1000 v. Chr. Allerdings behielt man hier den alten Brauch bei, Erdhügel über den Gräbern anzuschütten.

Am nördlichen Rand Galliens

Im achten vorchristlichen Jahrhundert geschah dann der große kulturelle Wech-

Die Spuren der Antike sind in Neuss noch sichtbar.

sel, als sich die Herstellung von Eisen verbreitete und das offizielle Zeitalter der Kelten mit dem Beginn der Hallstattkultur seinen Anfang nahm. Am Niederrhein tauchten damals die ersten Keramiken mit keltischen Mustern auf. Das Zentrum der keltischen Kultur mit reichen adeligen Familien, die in Höhenburgen residierten, enge Handelsbeziehungen zu den Niederlassungen der Griechen in Südfrankreich oder den Etruskern im heutigen Italien unterhielten und uns prächtige Fürstengräber mit wertvollen Gold- und Bronzegerätschaften, viele aus dem Mittelmeerraum importiert, hinterließen, lag jedoch weiter südlich. Auf heutigem Neusser Stadtgebiet behielt man noch bis ins fünfte Jahrhundert die Gewohnheit der Brandbestattung bei. Diese Bestattungen wurden von Riten und Zeremonien begleitet, bei denen man der reinigenden Kraft des Feuers einen hohen Wert beimaß. Die damaligen Bewohner des heutigen Neusser Stadtgebietes lebten hauptsächlich in Gehöften, die aus Gruppen einzeln stehender und unterschiedlich großer Gebäude bestanden. Die Wände der Häuser waren aus Holzflechtwerk, das außen und innen mit Lehm verputzt war. Bei den Gehöften hatte man Erdgruben angelegt, in denen Nahrungsvorräte gelagert wurden. In der jüngeren Eisenzeit entwickelten sich aus den einzelnen Gehöften Gruppensiedlungen, die nach und nach einen dorfartigen Charakter annahmen. Da man keine befestigten oder umfriedeten Gehöfte nachweisen konnte, darf angenommen werden, dass sich die Bevölkerung zu jener Zeit nicht vor Überfällen schützen musste. Auch lassen sich

keine Rückschlüsse durch Funde auf höhere soziale Stellungen mancher Bewohner ziehen.

Germanen oder Kelten?

Am südlichen Niederrhein lebten in der Zeit, bevor die Römer einfielen, die Stämme der Eburonen und Menapier. Zwar zählte Julius Cäsar sie in seinen Aufzeichnungen zu den Germanen, überlieferte Personen- und Ortsnamen sowie archäologische Funde weisen aber deutlich auf eine Zugehörigkeit zur keltischen Kultur hin.

Dass bereits zur Hallstattzeit ein kultureller Austausch mit süddeutschen Keltengebieten stattgefunden haben muss, beweisen entsprechende gefundene Keramiken.

Allerdings hatte es wohl öfter Vermischungen mit den den Rhein überque-

renden Germanen gegeben. Im Jahre 57 v. Chr. kam es zum Krieg Cäsars gegen die Belger, an dem sich auch die Eburonen und Menapier beteiligten. Unter ihrem Heerführer Ambiorix gelang ihnen im Jahre 54 v. Chr. ein Sieg gegen Cäsars Soldaten, bei dem 10 000 römische Legionäre ihr Leben lassen mussten. Dies war ein Fünftel der in Gallien stationierten Verbände Roms. Ein weiterer Angriff auf ein in der Region des heutigen Brüssel gelegen Winterlagers wäre fast ebenso dramatisch für die Römer unter dem Kommando des Feldherrn Quintus Tullius Cicero geendet, wenn nicht Cäsars Truppen eingegriffen und die Eburonen und ihre Verbündeten besiegt hätten.

Die Rache der Römer

Die Rachefeldzüge der cäsarischen Truppen waren brutal und äußerst folgen-

schwer. Die Römer verwüsteten das gesamte Gebiet, schonten weder Männer, Frauen, Alte noch Kinder und gaben es später zur vollständigen Plünderung frei. Heute lässt sich archäologisch ein Siedlungsabbruch eburonischer Wohngebiete auf die Zeit um 50 v. Chr. genau datieren. Ob die Eburonen komplett ausgerottet worden sind, weiß man heute nicht genau. Auch die Menapier, deren Gebiet von der Maasmündung bis zum Norden der heutigen Stadt Mönchengladbach reichte, wurden von Cäsars Truppen nicht verschont und ihre Existenz im Rheinland ausgelöscht. 40 Jahre später erhielten die zwangsumgesiedelten germanischen Cugerner das ehemalige Menapiergebiet. Im Land der einstigen keltischen Eburonen siedelten die Römer die Ubier an. Dass auch dieser ursprünglich germanische Stamm stark unter dem Einfluss der keltischen Kultur gestanden hat, zeigt ein ubischer Münzentyp aus jener Zeit: Auf einer Seite erkennt man einen sitzenden Mann mit einer Schlange, einem Halsreifen (Torques) und keltischer Frisur.

Vermutlich handelt es sich dabei um den Waldgott Cernunnos. Nach Cäsars Völkermord an den Eburonen errichteten die Römer eines ihrer ersten Militärlager im Rheinland nördlich der Erftmündung in den Rhein und nannten das mehrere Quadratkilometer große Areal Novaesium. Die ubische Bevölkerung, auf die sie trafen, lebte selbst noch nicht

Bild links:
Die frühen Kelten lebten meist in kleinen Dörfern.

lange in der Region. Die Soldaten in der römischen Armee waren unterschiedlicher Herkunft, es waren Söldner aus verschiedensten Teilen des Riesenreiches.

Rheinischer Kulturmix

Insgesamt 6000 römische Soldaten waren zunächst auf heutigem Neusser Stadtge-

Die Ambiorixstatue in Tongeren

bebiet stationiert, später wuchs die Truppe auf 25 000 Mann an.

Beim Zusammentreffen mit der ubischen Bevölkerung entstand im ersten nachchristlichen Jahrhundert ein Mix aus den verschiedenen Kulturen. Die gefundene Keramik aus jener Zeit ist zum Teil aus Südfrankreich importiert. Viele der in Neuss stationierten Söldner waren vom Ursprung her Kelten, was sich an gefundenen Ausrüstungsgegenständen nachweisen lässt. Im ersten Jahrhundert n. Chr. stellte sich die einheimische ubische Wirtschaft auf den Bedarf dieser großen Truppe ein und schaffte es, die römischen Soldaten komplett zu ernähren. Inzwi-

Bronzeamphore

schen hatte sich zudem ein gut ausgebautes Straßennetz und Wasserwegenetz gebildet, auf dem Waren wie Feigen, Oliven oder Weintrauben bis in diese nördliche Region des römischen Reiches transportiert wurden. Neben Wasser waren Bier, das in Gallien schon lange vor der Ankunft der Römer gebraut wurde, und Wein die beliebtesten Getränke. Für die einfachen (keltischstämmigen) Soldaten ließ man den Wein von der Mosel kommen. Die Offiziere, die meist aus dem heutigen Italien stammten, bevorzugten Importwein aus ihrer Heimat. Aus Spanien bezog man Olivenöl in großen Amphoren.

Ab dem dritten Jahrhundert fielen immer wieder größere germanische Verbände in römisches Gebiet ein. Im Jahre 454, mit dem Einfall fränkischer Verbände, endet die Herrschaft Roms am Rhein.

Sprachinseln auf dem Festland

Die Annahme, das mit Beginn der römischen Zeit die keltische Sprache erlosch, das romanisierte Volk nur noch Lateinisch sprach und nach der Zeit der Römer sich germanische Sprachen wie das Fränkische ausbreiteten, stimmt nur bedingt. Wie in den Asterix-Comics gab es kleine Inseln, die der römischen und später völkerwanderischen Überwuchtung zumindest in Teilbereichen standhielten.

Gegen Ende des Römischen Reiches lebten beispielsweise in der Region Mosel-Saar ehemals keltische Stämme, die romanisiert worden waren. Ihre Heimat gehörte zur römischen Provinz Belgica. Germanische Söldner in römischen

Diensten, so genannte Laeten, hatten sich ebenfalls dort angesiedelt. Als das römische Reich sich aufgelöst hatte, wurde das Gebiet von den Franken übernommen. In dieser Region erhielt sich bis in das Mittelalter eine kleine galloromanische Sprachinsel, die auf dem Vulgärlatein basierte und auch ehemals keltische Sprachanteile enthielt. Einige galloromanische Ortsnamen aus jener Zeit haben sich erhalten: Osann-Monzel, Longuich, Riol, Longkamp, Losheim, Wadern, We-

dern, Wadrill, Kell, Zewen, Kaisen, Merzig, Tincrey und andere.

Der Kirchenvater Hieronymus (347 bis 420) berichtete, dass zu der Zeit, als er sich in der Stadt Trier aufhielt, dort noch Gallisch gesprochen wurde. Er schrieb, dass die Galater, die er ebenfalls besucht hatte, „... fast die selbe eigene Sprache haben wie die Treverer". Dies war im vierten Jahrhundert. Der römische Staatsbeamte und Dichter Ausonius (310 bis 394), der ebenfalls im vierten Jahrhundert einige Zeit in Trier lebte, benutzte in seinen Schriften viele gallische Namen und spielte auch auf eine „druidische Herkunft" seiner Mutter an.

Auf einer Fibel aus etwa der gleichen Zeit entdeckte man im Rheinischen Landesmuseum in Trier das gallische Wort „vimpi", was so viel wie „schön" bedeutet.

Nicht nur Ortsnamen haben sich aus keltischer Zeit erhalten, auch viele Begriffe, die wir regelmäßig benutzen, gehen auf einen keltischen Ursprung zurück.

Das gallische Wort caballos (Pferd) wurde von den Römern übernommen und findet sich heute unter anderem im Spanischen und im Italienischen und auch bei uns in abgeleiteter Form (Kavallerie). Aus karro wurde unsere Karre oder das englische car. Ein ambactos war bei den Kelten ein Diener oder Gefolgsmann und

Hieronymus. Gemälde von Peter Paul Rubens 1625

seine Spuren finden sich heute im deutschen Wort Amt. Ein keltischer Untergebener war ein wassalo (Vasall). Ein Budget war bei den Kelten ein Sack mit Münzen.

Von den Inselkelten übernahmen wir unter anderem Begriffe wie Clan (Kinder, Nachfahren), Slogan (Kampfruf) oder Whiskey in unseren modernen Sprachgebrauch.

Wandernde Sprachinseln

Das fahrende Volk wird oberflächlich und meist abwertend als Zigeuner bezeichnet. In erster Linie sind damit Roma und Sinti gemeint, die aus dem Osten nach Europa kamen und als Nichtsesshafte unterwegs waren.

Es gibt allerdings noch eine dritte Gruppe, die viel weniger Aufmerksamkeit erlangte: Die Jenischen. Auch sie waren zumeist mit Pferd und Wagen unterwegs, oftmals in Sippen oder Großfamilien. Sie sind allerdings in keiner Form mit Roma und Sinti verwandt. In ihrer eigenen Mythologie führen die Jenischen ihre Abstammung direkt auf keltische Stämme zurück, die von Cäsars Truppen aus ihrer angestammten Heimat vertrieben wurden, nirgendwo mehr Zuflucht fanden und deshalb als Entwurzelte ein Leben als „Fahrende" führten. Ihre Haupterwerbsquellen, das Kesselflicken und Scherenschleifen, ist nach Auffassung vieler Jenischer ein altes keltisches Handwerk und sei von Generation zu Generation überliefert worden. Tatsächlich wird heute in manchen Veröffentlichungen von einer Spezialisierung keltischer Handwerker zur Latène-Zeit berichtet, die schon in der Antike als Mitglieder dieser Berufsgruppe von Ort zu Ort unterwegs gewesen seien. Nach Meinung mancher Jenischen, die sich mit der Erforschung ihrer Mythologie beschäftigen, liegt ihre Ursprungsregion im Rheinland, im ehemaligen Wohngebiet der Eburonen und Menapier. In der Tat haben die römischen Eroberer dort die Existenz dieser Stämme ausgelöscht.

Die Jenischen haben eine eigene Sprache, in der Worte vorhanden sind, die durchaus auf einen keltischen Ursprung hinweisen. Lange wurde die Sprache als „Welsch" bezeichnet, was auch ein Hinweis sein kann – siehe Wales, welsh, Walser.

Zweites Kapitel

Von Göttern und Geistern

**Die Druiden – Mutter Erde – Die Götter der Kelten –
Die Anderswelt – Kelten- und Christentum**

*Druidenritual. Gemälde von
Henri-Paul Motte (1846 bis 1922)*

Die Druiden

Die Druiden sind sicherlich das Mysteriöseste, was uns die keltische Kultur zu bieten hat. Sie trugen maßgeblich zum „Ruhm" des Keltentums bei und bleiben dabei rätselhaft.

Höchst wahrscheinlich ist das Druidentum aus dem Schamanismus grauer Vorzeiten entstanden. Vor allem die Berichte des sizilianischen Gelehrten Diodor, eines Zeitgenossen Cäsars, deuten den Bezug des Druidentums zu schamanistischen Praktiken an. Im Schamanismus sind die Themen Heilung und Religion zusammengehörig. Schamanen heilen in Zusammenarbeit mit der Welt der Geister, zu der sie Zutritt haben. Für sie ist die geistige Welt kein himmlisches Geschehen, sondern erreichbare Realität.

Dadurch, dass die Druiden Zugriff auf Informationen und Hilfen hatten, die dem Normalsterblichen üblicherweise nicht zur Verfügung standen, erlangten sie einen Sonderstatus innerhalb der keltischen Gesellschaft. Die Heilkunst war nur ein Teilgebiet; sie sprachen Recht, unterrichteten die Hochbegabten, berieten die Stammesführer, waren Philosophen, Psychologen und Priester.

Nicht erst seit den Asterixabenteuern ist bekannt, dass die Druiden eine Vorliebe für die Mistel als besondere Heilpflanze hatten. Interessanterweise haben die Forschungen der modernen Pflanzenheilkunde bewiesen, dass die Pflanzen, die von den Druiden verwendet wurden, besondere Heilwirkungen besitzen. Und auch die therapeutischen Einsatzbereiche von damals wurden in heutiger Zeit oft bestätigt.

Ein Druide in einer Darstellung von William Stukeley von 1740

Europas spirituelle Elite

Schauen wir mit verklärtem Blick auf das antike und frühmittelalterliche Keltentum zurück, so erscheinen uns die mysteriösen Druiden als die wahren Hauptdarsteller auf jener imaginären Bühne in unseren Köpfen, die wir in der Lage sind zu bauen. Die Druiden werden von den griechischen und römischen Autoren als die spirituelle Elite bezeichnet, so auch von Caesar, der davon schrieb, dass die Druiden für die religiösen Riten zuständig waren und bei den Kelten in hohem Ansehen standen. Laut Caesar dauerte die Ausbildung zum Druiden für junge Aspiranten zwanzig Jahre. Wer sich dazu berufen fühlte beziehungsweise dazu berufen wurde, musste keine Steuern zahlen und wurde nicht zum Kriegsdienst zitiert. Der Beruf des Druiden war sehr vielseitig, sie übten die Heilkunde aus, sprachen Recht, unterrichteten den Nachwuchs und waren einflussreiche Berater der Stammesfürsten. Es gab männliche wie auch weibliche Vertreter dieses Berufsstandes. Nach Berichten der antiken Chronisten galt das Wort der Druiden mehr als das von Stammesführern. Jeder einzelne Druide, so hieß es, hätte das gesamte Wissen besessen, dass zu jener Zeit verfügbar war. Diese Gelehrtenkaste war eine mehr oder weniger geschlossene Gesellschaft, zu der nur Zutritt erlangte, wer das Wissen in den Bereichen Naturkenntnis, Medizin, Mythologie, Kunst, Dichtung, Recht und so weiter auswendig konnte und entsprechende Prüfungen abgelegt hatte.

Druiden als Feindbilder

Bis zum Jahre 51 v. Chr. hatten die römischen Soldaten ganz Gallien erobert. Verständlicherweise herrschte nicht gleich überall Frieden im ehemaligen Keltenland; immer wieder flackerten kleinere lokale Aufstände auf. Die Römer vermuteten hinter solchen Aktionen die Druiden als Drahtzieher, denn sie waren in der keltischen Gesellschaft neben den nun entmachteten Stammeshäuptlingen und den Sehern diejenigen mit dem größten Einfluss auf die Menschen. Zügig begannen die römischen Verwalter damit, die alten Stammesverbände aufzulösen und neue Verwaltungsstrukturen nach römischem Vorbild einzuführen. Kaiser Claudius verbot deshalb im Jahre 50 n. Chr. die Ausübung der keltischen religiösen Kulte. Damit war der Untergang der gallischen Priesterkultur und ihres wertvollen Wissens offiziell besiegelt. Der Bevölkerung blieb lediglich die Möglichkeit, ihren alten Kult- und Kraftplätzen die Treue zu halten, auch wenn dort keine druidischen Rituale mehr stattfinden konnten. Zum Glück ließ Rom den Kelten ihre heiligen Orte, ersetzte aber die alten keltischen Götter durch die römischen. Bald übernahmen jene die Rollen und Positionen ihrer Vorgänger und verschmolzen mit ihnen. Für die keltischen Untertanen Roms entstand so ein neuer Götterkosmos im Rahmen der gallorömischen Kultur. Übrigens hatte der Wechsel der Gottheiten

Auf alten keltischen Kultplätzen stehen heute oft berühmte Kathedralen wie der Aachener Dom.

auch Vorteile für die Kelten. War es früher üblich, den Göttern, um sie für sich gnädig zu stimmen, wertvollen Besitz in Form von teurem Schmuck oder Waffen zu opfern, beispielsweise in dem man sie in einem heiligen Gewässer versenkte, taten es nun auch eigens für solche Fälle produzierte Waffen in Spielzeuggröße oder spezielle Schrifttäfelchen. So finden sich in manchen Museen heute kleine Votivtafeln, auf denen beispielsweise Organe oder Körperteile abgebildet sind, für die man die Götter um Heilung bat. Eine der größten Fundstellen dieser Art ist die Seine-Quelle, wo man der Göttin Sequana solche Votivgaben darbrachte. Im Museum von Dijon sind mehr als 3000 Exemplare dieser Art zu bewundern.

Die Barden waren die Meister des Wortes und der Töne; Hymnen, Gebete und Formeln waren ihr Bereich. Die Fili kannten sich in der Geschichte aus, hatten unzählige Gedichte und Erzählungen auswendig parat und waren in der Lage, Überliefertes zu erklären, zum Beispiel warum ein Ort seinen speziellen Namen hatte. Auch waren sie eine Art moralische Lehrmeister und Hüter der Traditionen. Ihren Erzählungen lauschte das Volk und lernte aus den Botschaften, die den Geschichten innewohnten. Die ersten christlichen Heiligen in Irland entstammten zum Teil noch der Fili-Tradition. Später lebte diese Tradition in bäuerlichen Schichten weiter. In manchen Familien war die Funktion als Erzähler

Mittler zwischen den Welten

Unter den Druiden gab es Spezialisierungen. Als Vates wurden jene bezeichnet, die sich hauptsächlich mit der Seherei und Weissagerei beschäftigten. In ihr Metier fielen auch die Opferhandlungen. Sie deuteten die Zeichen der Natur, kannten Techniken, aus denen Botschaften zu lesen waren und heilige Pflanzen, mit denen man sich in andere Bewusstseinszustände versetzen konnte, um so Botschaften der geistigen Welt empfangen zu können.

Der Eichenpriester.
Stich von Charles Knight, 1845

erblich, was dazu führte, dass die Mythologie Irlands erhalten blieb.

Der eigentliche Druide vermittelte zwischen den Welten. Zwischen dem sichtbaren Alltag und der Anderswelt, zwischen den Menschen und den Göttern. Von Plinius dem Älteren stammt die Beschreibung des weiß gekleideten Druiden, der mittels einer goldenen Sichel am sechsten Tag im Mondzyklus Mistelzweige von einer Eiche schnitt. Vermutlich lautet die Übersetzung des Wortes Druide „Der Sehende" oder „Der Wissende". Römische Autoren vermerkten, dass die Druiden die Unsterblichkeit der menschlichen Seele lehrten. Von keltischen Stammesführern wurde erwartet, dass sie im Sinne der Götter handelten. Aus diesem Grund bildeten sie mit den Druiden ein Team, um den Willen der Götter zu erfahren.

Die Druidenzentrale

Im Carnutenland in Gallien fanden alljährlich Zusammenkünfte der Druiden statt. Dort boten sich Möglichkeiten des Austausches und der Angleichung, des gegenseitigen Lehrens und Lernens. Im heutigen Wales bestand eine wichtige große und überregionale Ausbildungsstätte für Druiden aus ganz Europa. Stämme hatten die Möglichkeit, ihre Begabtesten dorthin zu schicken und auf ihre künftigen Aufgaben vorbereiten zu lassen. Im Jahre 60 n. Chr. zerstörten zwei römische Legionen unter Führung des Feldherrn Suetonius diese Stätte im Zuge der Bekämpfung und Ausrottung des Druidentums. In Irland konnten derweil die Druiden, von Rom ungestört, ihrer Arbeit nachgehen. Und auch mit dem Beginn des Christentums auf der grünen Insel kam es zunächst zu einer friedlichen Koexistenz. Die allerersten christlichen Schreiber in Irland berichten noch positiv über das Druidentum.

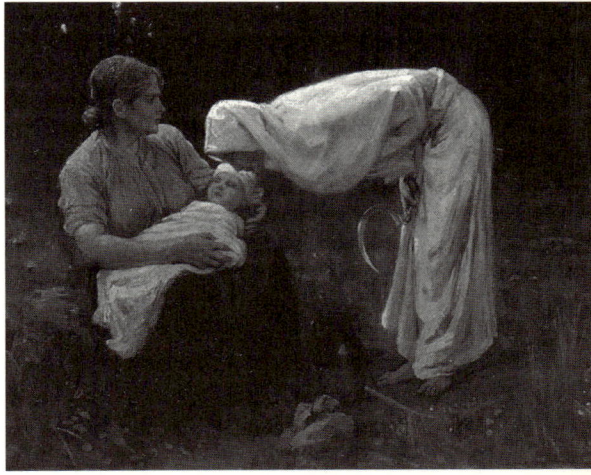

Die Druidin.
Gemälde von Janis Rozentals, 1897

Druiden und Christentum

In seiner ursprünglichen Form ist das Druidentum vor etwa 1500 Jahren von der Bildfläche verschwunden. Zunächst waren es die Römer, denen die Druiden wegen ihrer einflussreichen Stellung in der keltischen Gesellschaft ein Dorn im Auge waren. Dann vollendete das Christentum den Untergang dieser spirituellen Elite. Kirchliche Priester und heidnische Allround-Spirituelle passten nicht nebeneinander. Dass sich die druidische Tradition in Irland am längsten hielt, ist verständlich, dort gab es keine Römer. Und auch als das Christentum auf der Grünen Insel Fuß fasste, wurde das Druidenwesen zunächst nicht mit einem Schlag weggewischt. Die ersten Jahrzehnte gab es durchaus Überschneidungen beider Bereiche; im ganz frühen keltisch-irischen Christentum sind durchaus noch druidische Elemente zu finden. Erst als das Christentum immer dogmatischer wurde und sich die Ansicht durchsetzte, dass das irdische Leben nur eine Bewährungsprobe für die wahre Existenz im Himmel sei, war kein Platz mehr für die ganz dem Hier und Jetzt verpflichteten und sich als Teil der Natur empfindenden „Eichenpriester".

Die Kelten und der Himmel

„Nichts, außer, dass uns der Himmel auf den Kopf falle." Alexander der Große erhielt diese Antwort auf seine Frage, was sie am meisten fürchteten, von keltischen Gesandten. Für die Kelten war der Himmel nicht der Wohnsitz der Götter und der Verstorbenen. Für sie war er mehr das schützende Dach über dem Kopf.

Die Religion der Kelten

Belege für die Religion der Kelten liefern die schriftlichen Hinterlassenschaften antiker Autoren, archäologische Ausgrabungen und Bodenfunde sowie die erhalten gebliebenen Sprachen der Insel-

Der keltische Glaube an ein Weiterleben nach dem Tod zeigt sich am prächtig ausgestatteten Fürstengrab von Hochdorf.

kelten und Bretonen. Wirft man einen Blick auf die keltische Götterwelt, so sollte man sich dessen bewusst sein, dass es keine einheitlichen Glaubensvorstellungen gegeben hat. Götter, die auf den britischen Inseln angebetet wurden, unterschieden sich von denen etwa im heutigen Österreich beziehungsweise waren dort gar nicht bekannt. Auch gab es große regionale Unterschiede bezüglich der Riten und Kulte. Während man an manchen Orten möglicherweise den Göttern Menschenopfer darbrachte, war dieser Brauch anderswo unbekannt. Insofern lässt sich eine »keltische Religion« nicht konkret darstellen, dazu ist sie zu komplex. Das Druidentum in seiner Sonderstellung war das verbindende Element. Zwar waren die Druiden die Mittler, wenn es um konkrete Themen ging. Dennoch hatten jede Keltin und jeder Kelte die Möglichkeit, sich persönlich an für sie relevante Göttinnen oder Götter zu wenden. Jede Siedlung, jedes Dorf und jede Stadt hatte ihre Kultplätze, die den Einwohnern die Gelegenheit zum Götterkontakt boten. Diese Orte blieben vielfach bis in die heutige Zeit bekannt und werden durchaus noch von entsprechend empfänglichen Menschen weiter genutzt. In der christianisierten Form wurden viele Kraft- und Kultplätze zu Kathedralen, Klöstern, Dorfkirchen, Kapellen oder zumindest mit einem Marterl oder einem Kreuz am Wegesrand markiert. So durften sie weiterhin aufgesucht werden.

Rund 400 Götter

Auf Abbildungen aus der Latènezeit sieht man keltische Götter oft mit untergeschlagenen Beinen in der typischen, so genannten Buddha-Haltung sitzen. Fachleute schätzen die Zahl der heute zu benennenden keltischen Götter und Göttinnen auf rund 400, die meisten von ihnen hatten dabei einen lokalen Bezug zu einem mit ihnen in Verbindung stehenden Ort – eine Quelle, einen Hügel, einen Fluss oder einen Kraftplatz.

Dass die Kelten an das Weiterleben nach dem Tod geglaubt haben, darauf lassen die gefundenen Grabbeigaben schließen. Scheinbar stellte man sich das Jenseits dem Diesseits ziemlich ähnlich vor. Die Wissenschaftler, die die keltischen Fürstengräber untersucht haben, kamen zu dem Schluss, dass viele der Beigaben, wie Schmuck oder selbst die großen, fahrtüchtigen Wagen, extra für den Bestattungszweck hergestellt worden sein müssen. Denn sie waren unter normalen Bedingungen im Alltag nicht zu gebrauchen. Auch fanden sich in den Gräbern viele Amulette, denen man eine Schutzfunktion zuschreibt. Friedhöfe wurden durch Gräben oder Steinsetzungen von den keltischen Wohnsiedlungen abgegrenzt, um beide Bereiche zu trennen. Das alte keltische Wort für Gott war „devo" oder „divo". Die Bezeichnung für Göttin war „deva", ein Begriff, der in der modernen Esoterik heute auch verwendet wird. Die wohl bekannteste keltische Götterdarstellung zeigt den Waldgott Cernunnos mit seinem markanten Hirschgeweih und ist auf dem berühmten Kessel von Gundestrup im dänischen

Nationalmuseum in Kopenhagen zu bewundern. Auf dieser Abbildung sitzt der Gott umgeben von Tieren und hält in der einen Hand einen Torques, den markanten keltischen Halsreif, und in der anderen eine Schlange mit Widderkopf. Quellen, Höhlen, Berge, besondere Waldstücke – die Kelten verehrten ihre Götter in der Natur. Viele dieser Plätze blieben auch in nachkeltischer und christlicher Zeit Ziele der Landbevölkerung. Die keltische Göttermythen, die mit den Plätzen verbunden waren, waren gegen Heiligenlegenden ausgetauscht worden. Wenn christliche Missionare ihre Botschaft zu den „Heiden" brachten, taten sie es nicht selten an den Kult- oder Kraftplätzen ihrer Zielgruppe. Man wusste um die Wichtigkeit jener Orte und nutzte deren Ausstrahlung. So wurden viele ehemals keltische Kultplätze mit der Zeit zu christlichen Wahlfahrtsstätten. Nicht wenige bedeutende Kathedralen in Europa stehen auf Plätzen, deren sakrale Nutzung bis in die keltische beziehungsweise Bronzezeit zurück zu verfolgen ist.

Tempel aus Stein kamen bei den Kelten selbst erst in gallorömischer Zeit in Mode.

Rätselhafte Viereckschanzen

Vielerorts erhaltene keltische Kultplätze sind die so genannten Viereckschanzen aus der Laténezeit. Früher hielten Archäologen die umwallten und mit Gräben versehenen Anlagen für Verteidigungsorte, in die man sich im Falle eine Angriffes zurückzog, daher die Bezeichnung „Schanze". Möglicherweise hatten diese Anlagen mehrere Funktionen. Vielleicht hielt man hier politische Versammlungen ab. Poseidonios berichtete auch von „Gelagen", die dort stattgefunden haben sollen. In einigen Viereckschanzen fanden Ausgräber organische Spuren von eventuellen Opferriten.

Es gibt mehrere keltische Kultplätze, an denen menschliche Knochenreste gefunden wurden. Vielfach auch ohne Kopf. Die römischen und griechischen Autoren berichteten mehrfach darüber, dass keltische Stämme gerne die Köpfe getöteter Gegner aufbewahrten.

Der Gott Cernunnos auf dem Kessel von Gundestrup

Irdische Götter

Die keltischen Völker kannten zwar viele Götter, allerdings keinen geordneten „Götterhimmel" mit Hierarchien und familiären Strukturen. Ihre Götter waren lokale Gestalten, die von bestimmten Völkern an bestimmten Orten verehrt

wurden. Allerdings gab es auch Gottheiten, die überregionale Bedeutung hatten. Wobei es für sie kein „Himmel und Hölle" wie im Christentum gegeben haben wird; ihre Götter lebten irdisch. Als die Kontakte zwischen Römern und Kelten größer wurden, war eine Integrierbarkeit relativ einfach, denn die Götter und ihre Funktionen glichen einander. Es ist fast nicht möglich, alle keltischen Götter zu erfassen. Deshalb beschränken wir uns auf die wichtigsten.

Die drei Hauptgötter hießen Teutates als Göttervater, Taranis, der „Donnergott" und der Fruchtbarkeit bringende Esus.

Betrachtet man die keltische Götterwelt, dann fällt schnell auf, dass kaum ein Gott oder eine Göttin für sich alleine auftrat. Es gab immer eine Entsprechung im anderen Geschlecht. Jeder Gott hatte seine Göttin, jede Göttin ihren Gott. Die Götterpaare verkörperten gemeinsam das männliche und weibliche Prinzip.

Die Bärengöttin Artio wurde meistens zusammen mit einem Bären dargestellt.

Ein Zweck der Götterpaarung war die Heilige Hochzeit. Die Verbindung einer weiblichen mit einer männliche Gottheit ist ein Akt der Fruchtbarmachung der Erde.

Mutter Erde als Urgestalt

Die Urgestalt aller keltischen Göttinnen war Mutter Erde.

Als Ausdruck des weiblichen Prinzips hatten die Muttergöttinnen in der keltischen Kultur einen besonderen Stellenwert. Es gab sehr viele von ihnen, manche wurde überregional verehrt, andere waren lokale Göttinnen. Im Bewusstsein der keltischen Bevölkerung waren die Muttergöttinnen so stark, dass das Christentum nach seiner Ausbreitung Entsprechendes liefern musste, so rückte man Jesus' Mutter Maria und deren Mutter Anna sowie Maria Magdalena weiter nach vorne. Bei den Festlandkelten haben sich archäologisch besonders viele Mutterkulte entlang des Rheins nachweisen lassen. Die heutige Stadt Bonn war demnach ein Zentrum der Verehrung des Weiblichen. Nicht weit entfernt bestanden Matronenkulte an zahlreichen Kultstätten, die heute noch bekannt sind. Auch in gallorömischer Zeit waren diese Plätze wichtig. Der schützende und pflegende Aspekt, auf denen sich die Kulte fixierten, wirkte stark auf Soldaten an den Grenzen des römischen Reiches.

Ein ABC der Keltengötter könnte ganze Bände füllen. Deshalb hier nur ein kurzer Anriss der wichtigsten keltischen Götter:

Arduinna

Die Jagdgöttin ist wahrscheinlich die Namensgeberin der Ardennen. Sie wird auf einem Wildschwein reitend dargestellt. Als Waldgöttin war es ihre Aufgabe, für das Gleichgewicht der Kräfte zu sorgen und den Menschen damit zu signalisieren, dass er ebenso zu handeln hatte. Nur wenn die Kelten die Gebote der Arduinna einhielten, also mit den natürlichen Ressourcen bewusst umgingen, blieb sie den Menschen gewogen. Bei Fehlverhalten konnte sie die Kräfte des Waldes gegen deren Bewohner richten. Zahlreiche Votivgaben zeugen noch heute davon, dass die Kelten versuchten, derartige Götter und Göttinnen gnädig zu stimmen.

Artio

Die Helvetier, darauf lassen historische Spuren schließen, haben vorzeitliche Bärenkulte fortgeführt. Im Historischen Museum in Bern wird eine Figurengruppe aus dem zweiten Jahrhundert v. Chr. gezeigt, die der Göttin Artio geweiht war. Diese „Bärengöttin" füttert einen wilden Bären. Sie gilt als Göttin der Mütterlichkeit. Der Bär steht gleichzeitig für das Wilde in der Natur wie auch für die Rolle der Bärin als umsorgende, liebevolle Mutter.

Belenus

Belenus ist der keltische Gott, der in gallorömischer Zeit mit dem römischen Apollo gleichgesetzt wurde – als „Glänzender, Scheinender". Er wurde im südlichen Keltenland als Heiler und Sonnengott verehrt.

Borvo

Der an heißen Quellen verehrte Gott versinnbildlicht die Heilkräfte der Erde. Die Energien aus dem Boden, die Wasser erwärmen und die Gesundheit fördern können, sind sein Bereich.

Brigantia und Brigit

Bei den Britanniern hieß sie Brigantia, bei den Kelten der irischen Insel Brigit. „Brig" bedeutete „Hoheit" und die damit verehrte Göttin war die große Mutter. Mehrere Orte und Flüsse verdanken ihr ihren Namen – Bregenz am Bodensee, Bragana in Portugal, Brig im Wallis, um nur einige wenige zu nennen. Ihre Aufgabengebiete waren vielfältig, sie schützte, heilte, sorgte für Ausgleich und Frieden. Die Kirche hatte in ihren Anfangstagen keinerlei Chance, die Verehrung der höchsten keltischen Göttin zu unterbinden. Es blieb ihr lediglich die Möglichkeit, ihr einen christlichen Mantel anzuziehen und sie als Mutter Gottes neu zu platzieren.

Cernunnos

Cernunnos trat überregional in Erscheinung, wie uns heute noch erhaltene Abbildungen zeigen. Sein Bereich ist das Wachsen und Gedeihen. Cernunnos ist der Gott der Fruchtbarkeit, der Lebendigkeit, der Bewegung, auch der Auferstehung und des Triumphes des Lebens über den Tod. Es gibt zahlreiche Darstellungen von ihm. Oft trägt er einen Torques um den Hals, meistens ist er in einer Art Buddhahaltung abgebildet. In seiner christlichen Entsprechung ging Cernunnos später zum einen in eine Anzahl Heiliger über, die einen engen Bezug zur

Tierwelt pflegten. Vermutlich ist er der heute populärste keltische Gott. Als Herr der Tiere und der gesamten Natur trägt er ein Hirschgeweih auf dem Kopf. Christlicherseits wurde er nicht selten dämonisiert und galt ob seiner Hörner und Hufe als optisches Vorbild für so manche Teufelsdarstellung.

Dagda

In der irisch-keltischen Götterwelt ist Dagda der Göttervater. Von ihm stammen einige wichtige Göttinnen und Götter, wie etwa Brigit, ab. Er besaß eine eiserne Keule, deren eines Ende tötete und das andere belebte. Als Herr über Leben und Tod war er der Herrscher über die Anderswelt bei den Inselkelten. Dagda war der Gott der Druiden, er galt als allwissend und alles könnend.

Damona

Die auf dem Festland verehrte Göttin Damona wird auch als „große Kuh" bezeichnet. Sie besaß große Heilkräfte und war auch nach Krankheiten für die Regenerierung zuständig. Sie ist als Heilerin die Partnerin des Gottes Borvo.

Danu/Anu

Danu ist die irische Göttermutter, die unter verschiedenen Namen in die späteren Volkssagen und -märchen einging. So kennt man sie in Schottland als „sanfte Anna", die die Macht hat, Stürme und Gewitter zu besänftigen. In der Bretagne breitete sich der Sankt-Anna-Kult aus, mit dem offiziell die Großmutter Jesu gemeint ist, der allerdings auf die keltische Göttermutter zurückgeführt werden kann.

Epona, die Schutzgöttin der Reiter und Pferde

Epona

Ein gallisches Wort für Pferd ist „epo". Die keltische Epona war auch bei den Römern als Pferdgöttin beliebt. So wurde sie auf römischen Gestüten in eigenen Schreinen als Schutzgöttin der Pferde und ihrer Reiter verehrt. Es gibt zahlreiche Darstellungen von ihr, meist auf einem Pferd reitend, ohne Sattel und Zaumzeug, als Einheit mit dem Tier. Oft ist sie unbekleidet. An Quellen wurde sie oft mitverehrt, wie zahlreiche erhaltene

Votivgaben zeigen. In England, südlich von Oxford, hat man während der Eisenzeit riesige Pferdebilder in Kalkhügel eingeschnitten. Das berühmteste ist das weiße Pferd von Uffington.

Esus

Der Gott Esus ist auf zahlreichen markanten Bildern wiedergegeben worden. Es wird vermutet, dass es Mistelblätter sind, die seinen Kopf umgeben. Der Römer Lukan bezeichnete Esus als einen „guten Gott", als einen Fruchtbarkeitsgott.

Nantosvelta und Sucellus

Grannus

Ein Gott, der ebenfalls mit dem Thema Heilung in Verbindung gebracht wird, seine Begleiterin ist Sirona. In der Stadt Aachen mit ihren Heilquellen spielte er eine große Rolle.

Lug

Lug ist der Gott des Lebens, der Kultur. Zumindest in Friedenszeiten hatte er den Hauptplatz unter den keltischen Göttern inne. Er ist auch der Chef der Tuatha Dé Danann, der Abkömmlinge der göttlichen Urmutter Dana/Danu. „Der Scheinende" ist ein alles könnender Gott. Er hat einen engen Bezug zur Sonne, aber auch zum Blitz und hat starke Heilkräfte. Ihm wie auch der großen Muttergöttin zu Ehren wurde am 1. August Lugnasad gefeiert, eines der vier großen keltischen Jahresfeste. Lugnasad war das Fest, bei dem man die Götter um eine gute Ernte bat.

Moccus

Der Gott des Handels und der Kaufleute. Übersetzt lautet sein Name „Schwein". Höchst wahrscheinlich galt das Schwein bei den Kelten als Glückssymbol, ein Attribut, das es bis heute beibehalten hat.

Nantosvelta

Nantosvelta wurde oft mit einem Füllhorn abgebildet, was auf einen lebenserhaltenden Aspekt hinweist. Sie ist die Schutzherrin von Haus, Hof und Garten. Sie hält meist ein Zepter in der Hand. Ihr Partner ist der Gott Sucellus.

Nehalennia

Ganz im Westen der Niederlande, in der heutigen Provinz Zeeland, verehrten die Kelten die Muttergöttin Nehalennia. Für die seefahrerisch orientierten Bewohner der Küste war sie diejenige, die das Schiff sicher durch die Fluten bewegte. Als Göttin der Händler und Kaufleute stand sie auch für Gewinn und Wohlstand.

Ogma

Ogma ist einer der drei inselkeltischen Hauptgötter. Seine Brüder sind Dagda und Lug. Seine Metiers sind Dichtung, Wissenschaft und Geschicklichkeit. Spätere Kelten glaubten, dass er die Ogham-Schrift erfunden habe, um geheimes Wissen weiterzugeben.

Ogmios

Ogmios ist der Gott des gesprochenen Wortes. Da die Kelten sehr vorsichtig mit Schriftlichem waren, legte man deutlichen Wert auf mündliche Unterredungen.

Rhenus

Der Flussgott ist der Namensgeber des Rheins.

Rhiannon

Die walisische Rhiannon ist ähnlich wie die Pferdegöttin Epona eine Naturgöttin. Übersetzt bedeutet ihr Name soviel wie „große göttliche Königin".

Sequana

Sequana ist eine bedeutende Flussgöttin der Gallier. Ihr Fluss ist die Seine. Ihr Quellort war ein bedeutendes Heiligtum.

Sirona

Sirona ist eine festlandkeltische Fruchtbarkeitsgöttin, die an Quellen verehrt wurde. Sirona war die Göttin der Nacht. Auf Darstellungen sieht man sie oft mit einer Mondsichel.

Sucellus

Der Gott mit dem Hammer, im Osten Galliens verehrt, ist der Gefährte von Nantosvelta. Viele Handwerker wählten ihn zu ihrem Schutzpatron. Der Gott der Unterwelt wird als bärtiger Mann dargestellt.

Die Göttin Sulis

Sulis

Sulis ist eine britannische Göttin mit engem Bezug zur Sonne und den Heilquellen.

Taranis

Dem keltischen Gott Taranis wurden viele Opfer gebracht, denn er war der Schutzgott der Krieger und ursprünglich ein Wettergott, der Gott des Himmels und des Gewitters. Er wurde von Cäsar mit dem römischen Göttervater Jupiter verglichen, der ja auch ein mächtiger Gott des Donners war.

Teutates

Auch Teutates zählte neben Taranis und Esus zu den keltischen Göttern, denen Menschenopfer gebracht wurden. Cäsar setzte ihn mit dem römischen Kriegsgott Mars gleich.

Die keltische Anderswelt

Über die Anderswelt der Kelten ist schon viel geschrieben worden. Aus den Beigaben der reich ausgestatteten Fürstengräber lassen sich Schlüsse darüber ziehen, wie man sich damals jene andere Welt vorstellte. Vor allem aber in den Überlieferungen der Inselkelten blieb vieles erhalten, aus dem wir uns heute ein Bild machen können. Demnach ist die Anderswelt der Kelten kein abgetrennter Bereich vom Diesseits, also kein Himmel, keine Unterwelt, kein Jenseits. Sie ist im Hier und Jetzt, allerdings nicht für jeden sichtbar. Jedoch gibt es häufig Berichte über direkte Kontakte sterblicher Kelten mit Vertretern der Anderswelt. Und auch von menschlichen Reisen dorthin wird erzählt. Der Glaube an Feen und Elfen blieb auch nach der

Der Gott Teutates stand in Beziehung zu Menschenopfern, wie diese Darstellung auf dem Kessel von Gundestrup zeigt.

Christianisierung erhalten. Die Kirchenvertreter versuchten mehr oder minder erfolgreich aus den feinstofflichen Akteuren Engel oder Teufel zu machen. Aus der Anderswelt holten die Druiden ihre Kräfte, dort fanden die Dichter und Musiker ihre Inspiration. Sie galt als der Ursprungsort allen Wissens und aller Künste. Beschäftigt man sich heute mit der keltischen Anderswelt, so kann man erkennen, dass sie helfen konnte, die Welt ganz allgemein zu verstehen. Auch in der Anderswelt waren die Gegebenheiten und das Geschehen polar. Es gab Gut und Böse, freundliche und unfreundliche Wesen, Glück und Unglück. In der Anderswelt wurden die polaren Kräfte ausgeglichen.

Die keltischen Feen lebten in der Anderswelt. In der christlichen Überlieferung wurden sie zu gefallenen Engeln.

Feen und Feenorte

In der keltischen Mythologie spielen die Feen eine große Rolle. Das Wort Fee geht auf den lateinischen Namen der römischen Schicksalsgöttin, Fata, zurück. Fatum bedeutet Schicksal und eine *fatua* ist eine Wahrsagerin. Verwandt ist der deutschsprachige Begriff auch mit dem romanischen Wort für Fee *fei*. Wer im Deutschen gefeit ist, ist unverwundbar und sicher vor der Zauberei der Feen.

Bei den Inselkelten werden die Feen als *Sidhe* bezeichnet. Sie können weiblich wie auch männlich sein. In den keltischen Volkssagen sind die Feen in erster Linie weibliche Elementargeister. Sie leben an Quellen, Seen und Flüssen, in Felsengrotten, in Wäldern, auf Wiesen und Hügeln. In Regionen, in denen sich das keltische Erbe unterschwellig erhal-

Feen und Elfen spielen in der keltischen Mythologie eine wichtige Rolle. Gemälde von Nils Blommér, 1850

ten hat, entwickelte sich über die Jahrhunderte ein dichterisches Feenbild, das
immer noch deutliche Spuren von der
Vorstellung der keltischen Anderswelt
aufweist. Avalon, die Insel, auf der die Fee
Morgana lebte, zu der sich der verletzte
Artus bringen ließ, ist ein mystischer keltischer Feenort.

Die guten Feen galten als schön und
ewig jung. Ihre Zauberkräfte wendeten
sie nur für gute Zwecke an. Böse Feen
verkörperten das Gegenteil. In den Feen-
märchen spielt diese Polarität eine große
Rolle.

In der irischen Volksmythologie blieben die Feen erhalten, wurden wegen ihrer Macht über die Elemente gefürchtet
und mit Respekt behandelt. In vielen
irischen Feenköniginnen erhielten sich
einstige Stammesgöttinnen. Manche
Adelsfamilie hat heute noch eine entsprechende Feenkönigin als Schutzpatro-
nin.

In Irland werden Gnome touristisch ver-
marktet, deren keltische Vorbilder ähnlich
der Kölner Heinzelmännchen gerne al-
lerhand Unsinn veranstalten, aber auch
sehr hilfreiche Kräfte sein können, wenn
man sie gut behandelt. Im irischen Volks-
glauben muss ein Leprachán, sollte er gefangen werden, seinem Fänger den Platz
zeigen, wo ein keltischer Kessel voller
Gold vergraben ist.

Wesen in der Feenwelt.
Ölbild von Joseph Noel Paton, circa 1849

Drittes Kapitel
Von Irland bis Anatolien

Die keltischen Regionen – Keltische Führer und Persönlichkeiten – Die Christianisierung – Der Heilige Gral – König Artus und die Ritter der Tafelrunde

Britannien und Irland

Wie das Keltentum nach Britannien und Irland gekommen ist, darüber waren sich die Wissenschaftler lange Zeit sehr uneinig. Es war die Rede von Einwanderungen, die aber nie belegt werden konnten. Andere glaubten herausgefunden zu haben, dass der Ursprung der keltischen Sprachen nicht auf dem Kontinent, sondern auf den Britischen Inseln zu finden sei. Die Hallstatt- wie auch die Latènekultur hinterließen ihre Spuren, allerdings nicht überall. Je weiter westlich oder nördlich die Stämme lebten, desto geringer waren die Einflüsse.

Die Eroberung Britanniens

Als Cäsars Truppen in den Jahren 55 und 54 v. Chr. in Britannien an Land gingen, taten sie dies, um die dortigen Kelten für ihre Unterstützung der Gallier im Kampf gegen Rom zu bestrafen. Eine Eroberung fand zunächst jedoch nicht statt. Mit der fortschreitenden Romanisierung Galliens in den nächsten Jahren entwickelten sich danach allerdings florierende

Die Britannia ist heute eines der Symbole des Vereinigten Königreiches.

Handelsbeziehungen. Im Jahre 43 n. Chr.
benötigte der römische Kaiser Claudius
einen militärischen Erfolg, um sich als
Heerführer zu etablieren. Als die Trinovanten und Catuvellauni gegen die mit
Rom verbündeten Atrebaten Krieg führten, sah Claudius dies als Anlass, die Eroberung Britanniens auszurufen. Es dauerte 41 Jahre, bis fast alle Stämme besiegt
waren und der Feldherr Agricola sich
aufmachte, auch das heutige Schottland
einzunehmen. Er wurde jedoch nach
Rom abberufen und die Römer brachen
ihren Feldzug ab.

Die Romanisierung Britanniens verlief
anders als auf dem Festland. Die Mehrheit
der Bevölkerung behielt ihre keltische
Sprache und auch wesentliche Elemente
ihrer Kultur und Religion bei. Auch wenn
die britannische Oberschicht die kulturellen Annehmlichkeiten Roms gerne nutzten, blieb man doch der Latène-Orna-
mentik treu. Die alten keltischen Götter
erhielten römische Namen, behielten aber
ihre Entsprechung und ihre Kultorte.
Auch mit den Kaledoniern und Maeatae
im heutigen Schottland, von denen man
durch den im zweiten Jahrhundert n. Chr.
erbauten Hadrianswall getrennt war, wurde reger Handel getrieben.

Irland

Welches Bild hätten wir heute von den
Kelten, wenn die Römer Irland erobert
und die Kultur dort ebenso unterdrückt
hätten, wie sie es auf dem Kontinent taten? Eine nicht zu beantwortende Frage,
denn die Römer zogen es vor, keine
Soldatensandalen auf die Grüne Insel zu

Die keltische Harfe im Wappen Irlands

setzen. Ungefähr seit dem fünften vorchristlichen Jahrhundert hatte sich die
keltische Kultur in Irland ausgebreitet.
Einige Stämme waren vom Festland he-
rübergesegelt und hatten sich mit der
einheimischen Bevölkerung vermischt.
Ebenso trug wachsender Handel mit
den kontinentalen Kelten dazu bei, dass
sich deren Kultur und Sprache in Irland
recht schnell durchsetzten. Die Bewohner der keltischen Länder auf dem Festland erlebten ebenso wie die Kelten im
heutigen England die Zeit der römischen Besatzung, die ihre Kultur dezi-
mierte und die später einsetzende Völkerwanderung als Draufgabe; die Iren
nicht. Selbst die Wikinger, die im frühen Mittelalter immer wieder die Insel
heimsuchten wie auch die Invasion der
Anglo-Normannen einige Jahrhunderte
später vermochten es nicht, die keltische
Kultur auszulöschen.

Das andere Christentum

Und auch das Christentum, das ja bekanntlich einen gründlichen Feldzug gegen alles Heidnische in seinem Einzugsgebiet führte, verhielt sich in Irland anders. Im fünften Jahrhundert landete der britannische Missionar Patrick auf der Insel und verkündete den neuen Glauben. Es scheint so, als dass das Druidentum, dass zwar offiziell mit der Ausbreitung des Christentums aufgelöst wurde, eine neue Heimat in veränderter Form in den frühen Klöstern fand. Rom war weit entfernt und das irische Christentum hatte sein eigenes, weicheres Gesicht. Die Bevölkerung durfte ihre traditionellen Jahresfeste wie Samhain oder Imbolc behalten, sie wurden jedoch mit einem christlichen Überzug neu gedeutet. Auch das Hauptsymbol des neuen Glaubens erhielt einen irischen Anstrich. Das Kreuz wurde um ein Sonnenrad erweitert und überlieferte keltische Ornamentik und auch die Kirchenbauten, die nun den Eichenhain ersetzten, wurden nicht selten mit plastischen Darstellungen aus der Mythologie bestückt. Manchem Dogmatiker in Rom erschienen die irischen Mönche sehr dickköpfig, weil sie nicht wenige „heidnische" Praktiken beibehielten.

Kunst und Kultur

Auch enthielt die im frühen Mittelalter aufblühende Kunst des Büchermachens kunstvoll gestaltete keltische Ornamente und Tierdarstellungen, wie beispielsweise das berühmte Book of Kells. Erst im siebten Jahrhundert wurde der Druck aus

Irische Buchkunst. Evangelienbuch aus dem achten Jahrhundert, Stiftsbibliothek St. Gallen

Rom stärker. Anglonormannische Einwanderer vermischten sich mit der keltisch-irischen Bevölkerung und nahmen deren Kultur an. Während auf dem Festland die politischen Systeme in den ersten Jahrhunderten stark von der römischen Vorlage geprägt waren, blieb man in Irland dem Königtum keltischen Mustern treu. Die vier Königreiche Irlands des frühen Mittelalters – Ulster, Leinster, Munster und Connacht – behielten ihre Grenzen bis heute in Form der vier irischen Provinzen.

Eine besondere alte Tradition, die sich lange Zeit hielt, waren die Bardenschulen. Aus ihnen gingen berühmte Dichter und Musiker hervor. Erst als im 17. Jahrhundert die Engländer unter Oliver Cromwell das irische Volk gezielt unterwarfen und unterdrückten, gingen diese keltischen Institutionen verloren. Auch der irische Adel mit Stammbäumen, die bis in die vorchristliche Zeit zurückgehen, wurde entmachtet. Während der englischen Besatzung hielten sich keltisch-kulturelle Reste nur noch im äußersten Westen oder im Untergrund.

Schreibender irischer Mönch

Nachdem das römische Reich untergegangen war, verschwanden die Geistesgüter wie Wissenschaft und Kultur bis zum Mittelalter vom europäischen Festland. Ironischerweise waren es späte Vertreter der einstmals als schriftlos geltenden antiken keltischen Kultur, die sich im fünften nachchristlichen Jahrhundert daran machten, das, was von der klassischen europäischen Zivilisation verlorenzugehen drohte, zu retten. Wilde Barbaren hatten die römischen Städte überrannt

und plünderten Kunstschätze und verbrannten wertvolle Bücher. Kluge Köpfe schafften deshalb alles, was sie sichern konnten, außer Reichweite der Banausen und schifften das Kulturgut dorthin, wo die Barbaren nicht randalierten – nach Irland. Die Mönchskultur, die dort in den Kinderschuhen steckte, hatten einen enormen Vorteil: In den Zellen der neuen Klöster legte man viel Wert auf eine Schreibkultur und die Mönche kopierten alles, was ihnen unter die Augen kam.

Der Erhalt des klassischen Wissens

So kam es, dass große Teile des antiken Wissens erhalten blieben. Die griechisch-lateinische wie auch die römisch-christliche Kultur überlebten auf der grünen Insel und konnten später, als sich die zerstörerischen Rundumschläge der Eroberer gelegt hatten, an deren zivilisiertere Nachfahren übergeben werden.

Die keltisch-christlichen Mönche zogen sich mit den wertvollen Schriftstücken in die Einsamkeit zurück, studierten das zu Lesende und kopierten die Texte auf Schafshaut. Welchen enormen Wert ihr damaliges Tun auch für die heutige Kultur hat, kann man erst ermessen, wenn man sich vorstellt, was unsere heutige Kultur ohne das alte Wissen der Griechen und Römer wäre.

Patrick und Columba

Eine zentrale Rolle bei dieser Rettungsaktion spielte neben dem Nationalhei-

Columba predigte den Kelten.

Patrick, Columba und ihre Jünger waren Pantheisten, also Anhänger der so genannten Allgottlehre. Für sie waren Gott und die Welt nicht getrennt, sondern eine Einheit. Die biblische Aufforderung an den Menschen, sich die Erde untertan zu machen, war nicht in ihrem Sinne. Vielmehr ging es den pantheistischen Mönchen darum, die Erde zu lieben, zu ehren und zu respektieren. Von Columba heißt es, dass er genau wie Franz von Assisi zu den Tieren gepredigt habe. Das überlieferte keltisch-druidische Wissen war ein früh integrierter Bestandteil des irischen Christentums jener Zeit. Bis ins neunte Jahrhundert hinein arbeiteten die Iren und Schotten an der Weitergabe der europäischen Zivilisation. Sie sorgten auf dem Festland dafür, dass die von ihnen entwickelte Schreib- und Buchkunst weitergeführt wurde und retteten damit die Zivilisation. Während dieser enorme Dienst, den Männer und Frauen am Rand Europas einst geleistet haben, kaum in das allgemeine Bewusstsein gedrungen ist, war dies den Iren auf ihrer Insel immer schon klar.

Die Kelten in der Bretagne

Das einstmals gallische Armorika, die heutige Bretagne, wurde im vierten Jahrhundert n. Chr. von Britanniern besiedelt, die die Flucht vor den Angeln und Sachsen über den Ärmelkanal angetreten hatten.

Im dritten nachchristlichen Jahrhundert waren viele galloromanische Siedlungen verlassen worden und die Neuankömmlinge fanden dort Platz. Nicht wenige Ortsnamen haben britannische

ligen Irlands, Patrick, ein Mann, dessen Geburtsname zunächst Crimthann (Fuchs) gelautet hatte, der später den Spitznamen Columcille (Kirchentaube) erhielt und als heiliger Columba in die Annalen einging. Er gründete mehr als 40 Klöster in Irland und, nachdem er im Jahre 564 seine Heimat verlassen hatte, auf der kleinen, der schottischen Westküste vorgelagerten Insel Iona ein Kloster, dessen Abt er wurde. Von dort schickte er Mönche auf die britische Hauptinsel, um weitere Klöster zu bauen. Am Ende seines Lebens gab es in Schottland rund 60 Klostergemeinden.

Die Muttergöttinnen spielten in der Bretagne eine besondere Rolle.

Elemente, speziell im Norden und Westen. Allerdings weiß man aus der Zeit zwischen den Jahren 300 und 700 n. Chr. nicht sehr viel über die Region, die bis Mitte des fünften Jahrhunderts noch zum Römischen Reich gehörte, aber schon von den Franken beansprucht wurde. Mehr als 200 Jahre, bis zum Jahre 939, war die Bretagne ein selbständiges Königreich. In den Jahren nach 1066 war ein Fünftel des englischen Bodens in der Hand von Bretonen; sie waren mit William dem Eroberer auf die Insel gekommen. Ab 1532 gehörte die Bretagne offiziell zu Frankreich.

Sichtbare Spuren aus keltischer Zeit

In der Bretagne sind sie noch sichtbar, die Spuren aus keltischer Zeit. In vielen Kirchen finden sich noch Skulpturen der alten Gottheiten, wie etwas des Hirschgottes Cernunnos. Auch ist die für das Christentum spezifische Verdrängung vor allem weiblicher Natürlichkeit dort scheinbar nicht so gelungen wie anderswo. In einigen bretonischen Kirchen findet man Maria, wie sie ihrem Kind die Brust gibt. In Saint-Jean-Trolimon, auf dem Calvaire der Kirche Notre-Dame de Tronoen kann man Maria mit aufgelösten Haaren unbekleidet im Bett liegen sehen und im Giebelbereich über dem Hauptportal der Kirche von Le Folgoet schläft sie nackt nur von einem dünnen Laken bis zu den Hüften bedeckt. Maria? Maria Magdalena? Jedenfalls ist nicht schwer zu erkennen, dass diese Darstellungen die lebensspendende und -erhaltende Seite der Weiblichkeit hervorheben. Zwei heilige Frauen haben es den Menschen in der Bretagne ganz besonders angetan: Die heilige Gwen und die heilige Anna. Auf einigen Darstellungen hat erstere eine dritte Brust, um ihre Drillinge gleichzeitig stillen zu können. Dies erinnert deutlich an die Darstellungen vielbrüstiger Gottheiten aus grauer Vorzeit. Die heilige Anna, die Großmutter Jesu, stammt nach Auffassung vieler Bretonen aus der Bretagne, von wo sie einst gen Osten ausgewandert und nach dem großen biblischen Geschehen mit Joseph von Arimathäa und dem Heiligen Gral nach Europa zurückgekehrt sein soll. Wie die wirkliche Großmutter Jesu genau hieß, weiß keiner. Ana oder Dana ist der Name einer irischen Muttergottheit. Für die keltischen Christen war es einfach, Jesus als Enkel der Mutter ihrer Götter in ihr religiöses Bild zu integrieren.

Die Pikten und die Skoten

Aus den Kaledoniern in Schottland gingen die Pikten hervor, die der Nachwelt vor allem rätselhafte Symbolsteine hinterließen. Die Pikten hatten eine Vorliebe für Tätowierungen, was ihnen bei den Römern den Spitznamen „bemalte Menschen" einbrachte. Ihre besondere Vorliebe für Symbole illustrierten sie nicht nur auf den großen Steinen, sondern auch auf Metallschmuck. Heute kennt man rund ein halbes Hundert piktisch-keltischer Symbole. Im Jahre 297 n. Chr. erwähnten römische Chronisten die Pikten erstmals.

Jene irischen Piraten, die im vierten Jahrhundert damit anfingen, Britannien anzugreifen, nannten sich selbst „Scotti", übersetzt Räuber.

Bald wurden alle Iren als Scotti oder Skoten bezeichnet. Sie brachten die gälische Sprache nach Britannien und die Oghamschrift. Sie gründeten später das Königreich Schottland.

Brochs und Duns

Im heutigen Schottland, hauptsächlich im Norden und Westen sowie auf den Hebriden, den Orkney und den Shetland-Inseln sind die so genannten Brochs

und Duns markante bauliche Relikte aus der Eisenzeit. Brochs sind steinerne Türme, Duns sind Ringbauten mit einer Höhe von rund drei Metern. Die Gebäude waren die Wohnsitze reicherer Fami-

Tätowiert und nackt, so stellte man sich später eine piktische Kriegerin vor. Stich von Theodor de Bry, 1588

lien und hatten nicht nur Verteidigungs-, sondern auch Prestigecharakter. Als nach der Zeitenwende die Pikten die Erbauer der Anlagen, die Kaledonier, in ihren Stammesgebieten ablösten, übernahmen sie die Brochs und Duns.

Die Keltiberer

In der Hallstattzeit wanderten keltische Völker auf die Iberische Halbinsel und vermischten sich mit der dort ansässigen Bevölkerung. Ihre Kultur unterschied sich jedoch von der Hallstatt- wie auch von der späteren Latènekultur. Ihr Siedlungsbereich erstreckte sich von der Mitte des heutigen Spaniens bis zum Atlantik, jedoch kaum bis hinunter an die Mittelmeerküste.

Im Jahre 133 v. Chr. unterwarfen die Römer die keltische Bevölkerung in Spanien, die Keltiberer, nach einem zehn Jahre dauernden Krieg. Die letzte Hochburg war Numantia in Zentralspanien; der Widerstand der Kelten gegen die Römer bot Stoff für viele Mythen und Legenden, die auch der Autor Miguel de Cervantes (1547 bis 1616) in seinem Drama „Die Belagerung von Numantia" aufgriff.

Die Galloromanen

Heute bezeichnet man die Bewohner der römischen Provinz Gallien in der Spätantike als Galloromanen beziehungsweise Gallorömer. Ihre Kultur war das Resultat der Verschmelzung von Keltischem und Römischem. In der Zeit der Völkerwanderung vermischten sich die Galloromanen mit den Franken, woraus das Reich der Merowinger entstand.

Man darf sich nicht unbedingt eine Vermischung der ehemals keltischen Bevölkerung mit den römischen Armeen vorstellen (von denen die meisten aus verschiedenen Teilen des römischen Großreiches kamen), vielmehr übernahmen viele Kelten Kultur und Sprache der Besatzer. Die Bevölkerung romanisierte sich relativ schnell, wobei umgekehrt auch diverse gallische Traditionen von der römischen Oberschicht übernommen wurden. Auch nach dem Untergang des römischen Reiches blieben die romanisierten ehemaligen Kelten ein Bindeglied zwischen der Antike und dem Mittelalter. Die irischen Kelten und die Galloromanen nahmen relativ früh das Christentum an und trugen zur Christianisierung der Franken deutlich mit bei.

Es war nicht immer so, dass die Franzosen die Kelten als ihre direkten Vorfahren

Der Bau eines christlichen Altars in gallorömischer Zeit. Gemälde von John Pettie, 1884

Frankenkönig Meroweeh. Gemälde von Evariste Vital Luminais (1821 bis 1896)

Die Kelten in Anatolien

Den meisten Lesern dürfte der Begriff „Galater" daher bekannt sein, dass der Apostel Paulus ihnen geschrieben hat, was ja auch in der Bibel nachgelesen werden kann. Das wirft natürlich die Frage auf, ob die Kelten hier, mitten in der Türkei, erfolgreich Land erobert haben. Der bythinische König Nikomedes lag im Krieg mit seleukidischen Truppen und benötigte Soldaten. Rund 20 000 Kelten in drei verschiedenen Stämmen kamen deshalb nach Anatolien. Nach den Kämpfen blieben die Söldner mit ihren mitgereisten Familien mitten in der heutigen Türkei. Ihr Gebiet wurde als Galatien bezeichnet. 25 v. Chr. wurde das Gebiet dem Römischen Reich angegliedert. Noch bis ins vierte nachchristliche Jahrhundert ist die keltische Sprache in Galatien belegt.

Der heilige Gral und andere Mythen

Die Legende vom heiligen Gral ist eng mit der mythologischen und literarischen Geschichte der Kelten verbunden. Was nun genau der Gral für ein Ding ist oder war und ob es sich dabei überhaupt um einen materiellen Gegenstand oder eher um ein Sinnbild handelt, darüber gibt es unterschiedliche Interpretationen.

Oft wird er als ein mystischer Kelch bezeichnet, in dem Josef von Arimathäa das Blut des am Kreuz sterbenden Jesus gesammelt haben soll.

betrachteten. Viele Jahrhunderte galten die germanischen Franken als die Gründerväter des heutigen Frankreichs, was sich ja auch im Namen der Nation niederschlug. Nach der Niederlage gegen die Deutschen im Krieg von 1870/71 gab es allerdings eine landesweite Abneigung gegen den Gedanken, mit den siegreichen Nachbarn dieselben Vorfahren teilen zu müssen. Seit dieser Zeit bekommt jedes Schulkind schon früh offiziell per Schulbuch mitgeteilt, dass es keltische Wurzeln hat.

Mit zwei biblischen Namen sind verschiedene Mythen verbunden, die auch einen Bezug zur keltischen Welt haben: Josef von Arimathäa und Maria Magdalena. Regional spielten und spielen sie schon seit fast zwei Jahrtausenden eine Rolle. Durch populäre Bücher wie etwa „Der heilige Gral und seine Erben", „Sakrileg" oder die Maria-Magdalena-Romane von Kathleen McGowan und nicht wenige darauf basierende TV-Beiträge sind sie in den vergangenen Jahren in das Bewusstsein einer breiteren Schicht gelangt.

Josef von Arimathäa

Als reicher Jude hatte sich Josef von Arimathäa zu Lebzeiten ein Felsengrab gekauft, das nicht weit entfernt von der Kreuzigungsstätte in Jerusalem lag. Dass er ein Anhänger Jesu war, hielt er geheim. Nach der Kreuzigung bat er den römischen Statthalter Pontius Pilatus um den Körper von Jesus, den er in sein Grab brachte. Einer Legende zufolge fing er das Blut des Gekreuzigten, das aus einer Wunde tropfte, die der römische Soldat Longinus ihm mit einer Lanze zugefügt hatte, in einer Schale oder einem Kelch auf. In den apokryphen Acta Pilati soll Josef zu einer langen Haftstrafe verurteilt worden sein und nach seiner Entlassung das Land verlassen haben. Nach Umwegen über Südfrankreich, wohin er Maria Magdalena mit ihren beiden Kindern in Sicherheit gebracht hatte, erreichte er Britannien. Im heutigen Glastonbury gründete er eine kleine Kirche, die erste auf britischem Boden, in der der Gral

Josef von Arimathäa. Stich von William Blake, 1773

aufbewahrt werden sollte. In Glastonbury wird heute noch ein Weißdornbusch verehrt, der aus dem Wanderstab gewachsen sein soll, den Josef von Arimathäa dort in den Boden gesteckt habe. So erzählt es die Legende.

Die schwangere Maria Magdalena und Jesus auf einem Fenster in der Kilmore Church auf der Isle of Mull von Stephen Adam, 1906

Maria Magdalena

Maria Magdalena gehörte in den biblischen Schriften zu jenen Frauen, die Jesus nachfolgten. Vermutlich war sie vermögend und trug damit zum Unterhalt der Jünger bei. Maria Magdalena stand mit der Mutter Jesu unter dem Kreuz, als sich die anderen Jünger längst schon aus dem Staub gemacht hatten. Sie war aktiv bei seinem Begräbnis und diejenige, die das leere Grab vorfand. Als der Auferstandene ihr als erste begegnete, trug er ihr seine Botschaft an die Jünger auf.

Dass Maria Magdalena die Frau an Jesu Seite gewesen ist, könnte man durchaus aus der Bibel ableiten. Offiziell erwähnt wird es jedoch nicht. Nach der Kreuzigung war sie in Jerusalem nicht mehr sicher. Deshalb, so erzählen es mehrere Legenden, habe sie ihr Heimatland verlassen und sei in Begleitung von Josef von Arimathäa mit zwei Kindern nach Südfrankreich, in die Nähe von Marseille, ausgewandert. Dort habe sie zunächst in einer jüdischen Gemeinde gelebt und sei auch, so erzählen volkstümliche Überlieferungen, mit keltischen Druiden in Kontakt gekommen, die von ihr über das Geschehen in Israel erfuhren.

Königliches Blut

Auf Französisch wird das Blut Jesu als *sang royal*, spanisch als *sangre real* bezeichnet. Beide Übersetzungen bedeuten eigentlich „königliches Blut" und lassen damit auch eine andere Deutung der Gralslegende als auf ein rein materielles Gefäß bezogen zu.

Andere Überlieferungen sprechen von einem Kessel oder einer Schale, oder sehen in ihm einen Becher, aus dem Jesus beim letzten Abendmahl getrunken haben soll.

Josef von Arimathäa wird in den meisten Gralslegenden als derjenige bezeichnet, der das Blut des Gekreuzigten in jenem Kelch aufgefangen haben soll, den Jesus beim letzten Abendmahl verwendet hat. Von Israel brachte er demzufolge den Gral, wie schon erwähnt, zunächst nach Frankreich und später nach England, wo er zum ersten Hüter des Gral wurde. Auch heißt es, dass er dafür gesorgt haben soll, dass Maria Magdalena und ihre beiden Kinder Sarah Tamar und Johannes sowie, in anderen Legenden, der nach der überlebten Kreuzigung genesene Jesus per Schiff nach Massalia (Marseille) gebracht wurden, wo sie vor Verfolgungen sicher sein sollten. In England, wo Josef von Arimathäa später angekommen sein soll, habe er die erste keltisch-christliche Kirche gegründet. Die Abtei von Glastonbury wurde zum Nachfolgebau von Josefs erster Kirche in England erklärt. Auch heute noch ist die Glastonbury-Ruine von der Grals-Legende umgeben. Man erzählt sich, dass der Gral dort auf dem Grund des tiefen Klosterbrunnens liege. Josef von Arimathäa selbst wurde und wird auch heute noch von vielen Anhängern des frühen keltischen Christentums als derjenige betrachtet, der die Botschaft Jesu als legitimer Nachfolger verbreitete, nicht Petrus und später Paulus. In den südfranzösischen Legenden ist es Maria Magdalena, die die Botschaft dort den Galliern verkündete.

In dieser Botschaft wird die weibliche Spiritualität, ähnlich wie in der alten keltischen Kultur, viel deutlicher hervorgehoben als im heute etablierten Christentum. Verständlicherweise wurde sie schon früh von den Kirchenfunktionären bekämpft und unterdrückt.

Die Kelten kannten den „Kessel der Fülle" aus ihrer eigenen Mythologie und brachten ihn mit dem Gral in Verbindung.

Glastonbury

Chrétien des Troyes berichtet gegen Ende des zwölften Jahrhunderts n. Chr. von einer besonderen Schale, die mit Edelsteinen besetzt ist. Robert de Boron schreibt etwa zur gleichen Zeit vom Gefäß des Abendmahles, in dem Josef von Arimathäa das Blut Jesu aufgegangen habe. Er brachte den Gral nach englischer Überlieferung ebenfalls nach Glastonbury.

König Artus und die Ritter der Tafelrunde

In König Artus vereinigen sich Volksmythen mit historischen Begebenheiten, wie so oft. Erwähnt wird er erstmals in der History of the Britons, die aus dem neunten Jahrhundert stammt. Britannische Auswanderer trugen die Artussage auf das Festland in die Bretagne, wo sich ebenfalls Legenden bildeten.

Der historische Artus war vermutlich ein britannischer Heerführer, von dem es

heißt, dass er im Jahre 537 im Kampf gegen die Angelsachsen gefallen sein soll.

Im Jahre 1135 verfasste Geoffrey von Monmouth die „Historia regum Britanniae" (Geschichte der britannischen Könige) und verklärte Artus zum glanzvollen Herrscher und Helden. Artus ist in seiner Erzählung von geheimnisvoller Herkunft und wird vom Druiden und Zauberer Merlin erzogen und unterrichtet. Seine Gemahlin ist Ginevra.

Die Ritter der Tafelrunde

König Artus' Tafelrunde waren auserwählte, heldenhafte Ritter, die er auf seiner Burg Camelot um sich versammelte. Jeder der Ritter wurde im Laufe der Zeit zum Mittelpunkt eigener, individueller Epen, die von nachfolgenden Autoren immer mehr ausgeschmückt wurden. Einzelne, ursprünglich eigenständige Geschichten wurden mit der Zeit mit der

Artus und Morgane. Ölgemälde von Frank William Warwick Topham, 1888

Artussage verknüpft und in sie eingebunden. Für viele europäische Fürsten wurde Artus zum Idol.

Sein historisches Vorbild wird bei Nennius lediglich als keltischer „Heerführer" bezeichnet, der im frühen sechsten Jahrhundert versucht hat, die Eroberungszüge der Sachsen aufzuhalten. Geoffrey of Monmouth griff in seiner Artusbeschreibung auf jahrhundertealte Legenden zurück. Artus schafft es in der Legende, das magische Schwert Excalibur aus dem Stein zu ziehen, was ihn als rechtmäßigen König ausweist. Dieses Schwert wurde ursprünglich von der mysteriösen Dame vom See entsprechend platziert und musste ihr auch später zurückgegeben werden. Artus heiratete zwar die schönste Adelige des Landes (Ginevra), die ihm allerdings untreu war. Artus umgab sich in seiner Tafelrunde mit den stärksten und berühmtesten Helden seiner Zeit. Ein zentraler Punkt ihrer Aktivitäten ist die Suche nach dem Gral. Artus Neffe Mordred, der ihm den Thron streitig machen will, wird von ihm getötet, bevor der Sagenkönig selbst in der Schlacht von Camlan tödlich verwundet wird und über das Meer in die Anderswelt zur Insel Avalon gebracht wird, von wo er eines Tages wiedergenesen zurückkehren soll.

Artus' Grab

Im Jahre 1191 fanden die Mönche der Abtei von Glastonbury einen Sarg mit einem männlichen und einem weiblichen Skelett und der Aufschrift, dass es sich bei den Begrabenen um den König

Artus und seine Frau Ginevra handele und die Begräbnisstädte die Insel Avalon sei. Glastonbury ist von drei inselähnlichen Hügeln umgeben, die früher in einer Sumpflandschaft lagen. Auf dem höchsten der Hügel befand sich schon in der Steinzeit ein Heiligtum zur Verehrung der Muttergöttin. Die Kelten der Region empfanden diesen Hügel als Eingang zur Anderswelt. Legenden berichten, dass Josef von Arimathäa den

Lancelot am Grab König Artus'.
Aquarell von Dante Gabriel Rosetti, 1854

Gral dorthin gebracht habe. Der großen Mutter, nun christianisiert als Mutter Gottes, ließ er dort die erste Kirche Britanniens bauen.

Viele Adelige und Ritter der damaligen Zeit versuchten den sagenhaften König und seine Gefolgsleute nachzuahmen. Zu jener Zeit begann man die Ortschaft Glastonbury in Somerset für das sagenhafte Avalon zu halten.

Helden aus der der Gralslegende

Parzival

Parzival, im zwölften Jahrhundert von Chrétien de Troyes und Wolfram von Eschenbach populär gemacht, war ein gralssuchender Ritter. Vorbild für Parzival war der keltische Held Peredur.

In Wolfram von Eschenbachs Parzival wird erzählt, wie der Ritter seinen Weg finden muss, ohne sich dabei von äußeren Autoritäten und religiösen Regeln aus der Bahn bringen zu lassen. Erst nach der Überwindung tiefer persönlicher Zweifel gelingt ihm die seelische Vereinigung mit dem Göttlichen.

Gawain

Gawain war der Neffe König Artus'. Er war Mitglied der legendären Tafelrunde, jedoch von zwiespältigem Ruf. Nach seinem Tod infolge einer alten Verletzung wurde er in der Kapelle von Dover Castle beigesetzt.

Lancelot vom See

Lancelot war der Prototyp des höfischen Ritters, der Heldentaten aus Liebe zu einer Frau begeht. Dummerweise war die Dame seines Herzens Ginevra, die Gattin König Artus'. Lancelot wäre gerne derjenige gewesen, der den Gral findet, diese Ehre wurde jedoch seinem Sohn Galahad zuteil. Nach dem Tod Artus' ging Ginevra in ein Kloster, Lancelots Leben endete als Einsiedler bei Glastonbury.

Merlin

Geoffrey von Monmouth, der Verfasser der Artussage, hat mit dem Zauberer

Die Gralsfindung. Zeichnung von Aubrey Vincent Beardsley, 19. Jahrhundert

Merlin. Frankreich um 1200

Merlin das Bild des keltischen Druiden entscheidend geprägt. Im Jahre 1136 trat Merlin in seiner Historia Regum Britanniae, der Geschichte der britannischen Könige, zum ersten Mal in Erscheinung. Der Autor vermischte verschiedene mythologische Gestalten zu einer Person, die zunächst durch ihre wahrsagerischen Fähigkeiten populär wird und den Werdegang seines Schützlings Artus entscheidend beeinflusst.

Mordred

Das Vorbild für den von Geoffrey von Monmouth in die Artusberichte aufgenommenen Mordred ist der walisische Anführer Medraw. Mordred macht Artus Krone und Frau streitig und am Ende fügen sich beide tödliche Verletzungen zu.

Morgane

Die „Dame vom See" nimmt den tödlich verwundeten König Artus nach der Schlacht von Camlan bei sich auf der Insel Avalon auf, um ihn gesund zu pflegen. In der walisischen Überlieferung ist sie eine Fee, die ihre Zauberkünste von Merlin erlernt hat.

Die Katharer und der Gral

Einige Jahrhunderte später sollen zunächst die Katharer in Südfrankreich und etwas später die Tempelritter den Gral in einer Burg in der Bretagne aufbewahrt und bewacht haben. Was die Katharer betrifft, so soll sich der Gral in der Festung Montségur befunden haben. Die Burg stand an der Stelle eines alten Druidenheiligtums und galt lange Zeit als unein-

nehmbar. Die Katharer waren ein Orden, dessen Lehren auf dem Manichäismus basierten, einer dualistischen Religion, die ursprünglich aus Persien stammte. Weitere Einflüsse auf das katharische Weltbild kamen aus dem gnostischen Christentum, der Philosophie Zarathustras und dem Buddhismus. Die Katharer versuchten eine Rückkehr zum Urchristentum und mischten ihre Reformbewegung mit den keltisch-druidischen Traditionen des Languedoc, die auch im Mittelalter noch im Verborgenen vorhanden waren. Im 13. Jahrhundert bekämpften die Päpste und die französischen Könige das Katharertum auf das Heftigste.

Tempelritter.
Lithografie von J. Chevauchet, 1881

Als die Burg im Jahre 1244 von den königlichen Truppen eingenommen wurde, soll der Gral in Sicherheit gebracht worden sein. Heute werden verschiedene Objekte als der „echte Gral" bezeichnet, beispielsweise ein Kelch im Kloster Montserrat in Spanien wie auch ein anderer in Schottland.

Nicht wenige Gralsforscher und Autoren sind der Ansicht, dass die Gralslegende ein Hinweis auf die Blutlinie der Nachkommen von Jesus und Maria Magdalena ist. Demzufolge entstammt das Geschlecht der Merowinger in direkter Linie der Beziehung von Jesus und Maria Magdalena. Die Katharer waren demnach die Beschützer dieses Geheimnisses.

Das Geheimnis von Rennes-le-Chateau

Im Jahre 1871 fand der Dorfseelsorger in Rennes-le-Chateau, einem kleinen Dorf am Fuß der Pyrenäen, bei der Renovierung der Ortskirche etwas Mysteriöses, das auch heute noch die Fantasie unzähliger Menschen beflügelt. Vermutlich waren es geheime Dokumente, die die Merowinger als die Nachkommen Jesu ausweisen sollten, was der Abbé Béranger Saunière in einer Säule der Kirche entdeckte. Jedenfalls sind sich die meisten der zahlreichen Autoren, die sich inzwischen mit dem Geheimnis von Rennes-le-Chateau beschäftigt haben, dieser Meinung. Vielleicht handelt es sich dabei um den geheimnisvollen Schatz, der kurz vor der Einnahme der Burg Montségur in Sicherheit gebracht worden sein soll,

den Gral. Fakt ist, dass der zuvor mittellose Abbé schon bald unvorstellbar reich wurde und keiner im Dorf wusste, woher diese Unmengen an Geld so plötzlich hergekommen sind. Hat er sich sein Schweigen teuer bezahlen lassen? Sein geheimnisvoller Fund ist jedenfalls schon kurz nach dem Auftauchen wieder verschwunden. Gralsforscher sind der Meinung, dass Saunière einen nicht zu widerlegenden Beweis dafür gefunden hat, dass Jesus nicht am Kreuz gestorben, sondern mit seiner Frau Maria Magdalena und seinen Kindern nach Frankreich gekommen ist. Der Vatikan, den der Geistliche über seinen Fund informiert hatte,

Cuchulainn. Grafik von H. R. Millar, 1905

ließ sich dessen Schweigen eine große Summe kosten. Saunière ließ die kleine Kirche teuer renovieren, handelte mit wertvollen Antiquitäten und war plötzlich in der französischen Gesellschaft bis in die höchsten Kreise gefragt. Als der Bischof von Carcassonne ihn wegen seines neuen Lebensstils seines Amtes zu entheben versuchte, wurde dies vom Papst verhindert. Béranger Saunière starb im Jahre 1917 auf mysteriöse Weise und nahm sein Geheimnis mit ins Grab.

Cúchulainn

Cúchulainn ist ein Held der irischen Sagen. Er wird wegen seiner Kraft, seines Mutes und seiner Geschicklichkeit gepriesen. Die mit ihm verbundenen Geschichten sind oft recht blutrünstig, der Kult des Kopfabschlagens besiegter Feinde taucht sehr häufig auf. Im Dubliner Hauptpostamt steht eine Statue des Helden.

Ossian

In der zweiten Hälfte des 18. Jahrhunderts schrieb der schottische Dichter James Macpherson die „Gesänge des Ossian" und schuf damit eine populäre mythologische Figur, die sich an eine andere Sagengestalt, nämlich Oisin, anlehnte. Macphersons Buch war eine Auftragsarbeit; er sollte für einen Verleger alte gälische Gesänge zusammentragen. Da er nicht fündig wurde, erfand er selber welche und behauptete, Überlieferungen aus dem Gälischen in die englische Sprache übersetzt zu haben. Schon bald gab es

Kritiker, die sein Werk anzweifelten und seine Authentizität in Frage stellten, was das lesende Publikum jedoch in keiner Weise davon abhielt, die Gesänge als echte Überlieferung zu akzeptieren und zu lieben. Zu jener Zeit bestand ein großes öffentliches Interesse an historischen Themen und entsprechende Veröffentlichungen fanden großen Anklang. 1769 erschien erstmals eine deutsche Übersetzung, andere Autoren fügten Nachdichtungen hinzu und es gab sogar eine Oper, die auf den Texten basierte. „Ossian" entwickelte sich zu einem internationalen Renner, der die Dichtergeneration jener Zeit deutlich beeinflusste und selbst Her-

Ossian. Gemälde Anne-Louis Girodet-Trision (1767 bis 1824)

der und Goethe konnten sich dem nicht entziehen. Einer der größten Fans war Napoleon Bonaparte. Er beauftragte den Maler Ingres damit, ein großes Gemälde für dessen Schlafzimmer im römischen Quirinalspalast zu malen. Es zeigt den Sänger, dem im Traum sein Vater Fingal, sein Sohn Oskar und dessen Geliebte Malvina erscheinen. Zwölf Jahre vorher, im Jahre 1801, hatte die Malerin Anne Louise Girodet-Trioson den französischen Kaiser als jungen General gemalt, wie er die gefallenen Soldaten seines Heeres dem Sänger Ossian empfiehlt, der sie, umgeben von Harfe spielenden Nixen, in himmlischen Sphären empfängt. Die Beliebtheit des Namens Oskar geht auf die Ossian-Mode zurück.

Eine starke Frau: Boadicea

Auch wenn ihre Bemühungen letztlich nicht von Erfolg gekrönt waren, so ging die britannische Königin und Heerführerin Boadicea doch in die Geschichte als eine starke Frau ein. In den Jahren 60 bis 61 n. Chr. führte sie den Aufstand gegen die römischen Besatzer Britanniens an. Vorher war Boadicea mit Prasutagus, dem König der Icener, verheiratet. Ihr Stamm lebte in der heutigen Region East Anglia. Nach dem Tod ihres Mannes wollten die Besatzer keine Frau als Stammesführerin akzeptieren. Sie wurde öffentlich gefoltert, ihre Töchter wurden vergewaltigt. Im Jahre 60 taten sich die Icener mit einem benachbarten Stamm zusammen und griffen die römischen Siedlungen an. Ihr erstes Ziel war die heutige Stadt Colchester, die zerstört wurde.

Zwar hatte Boadicea beim Aufstand rund 50 000 Bewaffnete um sich geschart, doch waren die britannischen Kelten den Römern deutlich unterlegen, was organisierte Kriegsführung betraf. Unter der Führung des Statthalters Gaius Suetonius Paulinus wurden die Kelten in einer Schlacht in der Nähe des heutigen St. Albans vernichtend geschlagen. Tacitus berichtete später, dass Boadicea sich daraufhin das Leben nahm. Nach Cassius Dio sei sie erkrankt und bald darauf gestorben. Nachdem die antiken Quellen in der frühen Neuzeit wiederentdeckt worden waren, erwachte

Boadicea auf einem Glasfenster im Rathaus von Colchester, England

auch Boadicea aus der zwischenzeitlichen Vergessenheit. Unter den Namen Boadicea, Bouducca und Bonduca wurde sie zum Mittelpunkt zahlreicher Tragödien, Gedichte, historischer Romane, Jugendbücher und Lieder. In London, am linken Themseufer, gegenüber des Big-Ben-Turmes, ist sie als Statuengruppe zusammen mit ihren Töchtern auf einem Streitwagen zu sehen.

Vercingetorix

Der Arvernerfürst Vercingetorix versuchte im Jahre 52 v. Chr. die gallischen Völker militärisch zu einen, um Widerstand gegen die Armeen des Eroberers Julius Caesar leisten zu können. Nach der Niederlage gegen die Römer bei der Schlacht um Alesia wurde Vercingetorix sechs Jahre eingekerkert. Im Jahre 46 v. Chr. ließ Caesar ihn anlässlich seines Triumphzuges durch Rom führen und anschließend erdrosseln. Im 19. Jahrhundert ließ Kaiser Napoleon III. mehrere Denkmäler des Averners aufstellen, um ihn zu einem Gründerhelden der französischen Nation zu mythologisieren. Auf dem Denkmal, das der elsässische Bildhauer Frédéric Auguste Bartholdi geschaffen hatte und das 1903 in Clermont-Ferrand enthüllt wurde, trägt Vercingetorix den markanten Flügelhelm, der seitdem als typische gallische Kopfbedeckung gilt (historisch aber nicht belegt ist).

   Die Vercingetorix-Statue auf dem Mont Auxois bei Alise-Sainte-Reine zeigt die Gesichtszüge Kaiser Napoleons III., der das Werk in Auftrag gegeben hatte.

Ambiorix

Im belgischen Tongeren blickt er als Denkmalfigur entschlossen auf die Marktbesucher herab. Im Jahre 54 v. Chr. führte er als König die Eburonen an, die sich gegen die Römer auflehnten. Seine Truppen brachten dem Feldherrn Julius Cäsar die verheerendste Niederlage während des gesamten Gallischen Krieges bei. Eineinhalb römische Legionen, das waren 10 000 Soldaten, wurden bei Atuatuca aufgerieben. Heute wird vermutet, dass diese legendäre Schlacht in der Nähe der heutigen Stadt Eschweiler im Landkreis Aachen stattfand.

   Im Herbst des Jahres 53 v. Chr. schlug Cäsar zurück. Das Eburonenterritorium wurde von den Römern verheert, kein Dorf blieb verschont. Ambiorix wurde nicht gefangen. Es hieß, dass er den Rhein überquert habe und zu den Germanen geflüchtet sei. Heute gilt er als gallischer Freiheitsheld.

Asterix

Im Jahre 1959 erblickte der weltweit vielleicht bekannteste Kelte das Licht der Welt: Asterix. Die Autoren der beliebtesten Comicserie Frankreichs waren René Goscinny (1926 bis 1977) und Albert Uderzo (*1927). Nach dem Tode Goscinnys arbeite Uderzo alleine weiter. Es sind über 30 Comicalben in 107 Sprachen mit den Abenteuern der beiden Gallier Asterix und Obelix erschienen. Es gab mehrere Verfilmungen. Bekanntlich gelangt der kleine schmächtige Asterix immer dann, wenn er einen Schluck eines speziellen

Tranks des Druiden Miraculix genommen hat, zu übermenschlichen körperlichen Kräften. Sein Kumpel Obelix, von sich aus eher von wuchtiger Natur, benötigt dieses Mittel allerdings nicht. Die beiden Autoren zeichnen ein liebenswertes Bild der Bevölkerung jenes kleinen Dorfes in der heutigen Bretagne, das als einziges im Jahre 50 v. Chr. nicht von den Römern eingenommen worden ist. Das Schöne an den Asterix-Bänden sind nicht nur die humorvoll erzählten Geschichten, Goscinny und Uderzo haben mit viel geschichtlicher Sachkenntnis gearbeitet und

nicht nur die Vorfahren der heutigen Franzosen, sondern auch die in den Comics vorkommenden Nachbarvölker satirisch-treffend dargestellt – mit wunderbaren Überzeichnungen der Klischeebilder und voller running gags. Wobei die Autoren selbst betonten, dass es nicht darum ging, sich über andere Völker lustig zu machen, sondern eher um die Vorurteile der Franzosen jenen gegenüber. Wer Asterix gelesen hat, hat möglicherweise mehr über die Kelten im damaligen wie im heutigen Europa gelernt als etwa im Schulunterricht.

Asterix und Co. auf einer Wandbemalung in Brüssel

Viertes Kapitel
Keltisches zum Anschauen

Kelten-Museen – Keltendörfer und -welten – Keltenerlebnisweg – Sehenswürdigkeiten und Besichtigungsstätten

Die Kelten haben Spuren hinterlassen. Mittlerweile sind zahlreiche Fundorte archäologisch gut bearbeitet und lohnen eine Besichtigung, ebenso Museen mit keltischem Bezug.

Archäologiepark Belginum
Vicus Belginum, D-54497 Morbach
belginum.de

In unmittelbarer Nähe der Hunsrück-höhenstraße, nahe des Dorfes Wederath im rheinland-pfälzischen Landkreis Bernkastel-Wittlich, findet man den Archäologiepark Belginum mit Freilichtmuseum und archäologischem Museum. Der Ort lag einst an der römischen Straße von Trier nach Bingen. Im Museum werden Grabfunde aus der keltischen Zeit gezeigt sowie Ausstellungsstücke, die das Alltagsleben der gallorömischen Bevölkerung näher bringen. Das Gräberfeld wurde vom vierten vorchristlichen Jahrhundert an acht Jahrhunderte lang kontinuierlich genutzt. Neben der Siedlung wurden mehrere Tempelbezirke und ein frührömisches Militärlager ausgegraben. Im Museum werden die Ergebnisse der ar-chäologischen Grabungen unter dem Leitthema „Leben an einer Fernstraße" gezeigt. Über einen tausend Meter langen Rundwanderweg können sich die Besucher ein Gräberfeld mit Grabhügeln, die einstige römische Siedlung, das Militärlager und einen Brunnen anschauen. Zum Angebot des Parks gehören neben Sonderausstellungen und Vorträgen auch museumspädagogische Aktivitäten.

Museum KeltenKeller
Mühlbergstraße 9,
D-35444 Biebertal-Rodheim
archaeologie-im-gleiberger-land.de

Der KeltenKeller im Biebertal-Rodheim wurde Anfang des Jahres 2007 gegründet. Man präsentiert dort zahlreiche Originalfunde vom Dünsberg. Archäologen leiten die Arbeit von interessierten Laien und Heimatforschern sowie internationalen Studenten fachlich. Der Verein Archäologie im Gleiberger Land kümmert sich seit 2005 um die wissenschaftliche Auswertung der bisherigen Grabungen. Zur Finanzierung vergibt man Patenschaften für die Funde.

Keltendorf Bundenbach
Altburg Bundenbach,
D-55624 Rhaunen
Keltendorf-bundenbach.de

Im Gegensatz zu den größeren keltischen Städten, den Oppida, war die Altburg bei Bundenbach im Hunsrück eine keltische Kleinburg, die in der Zeit vom dritten bis zum ersten Jahrhundert genutzt wurde. An der ebenen Zugangsseite wurde der etwa zwei Hektar große Bergsporn über dem Hahnenbach durch eine starke Trockenmauer plus einem vorgelagerten Graben abgeriegelt, was heute noch gut erkennbar ist. Bis zum Jahre 78 v. Chr. wurde an der Anlage gebaut, 20 Jahre, bevor das Land der keltischen Treverer von den Römern erobert wurde. Man kann sich die Altburg mit oder ohne Führung anschauen. Ein großer Teil der keltischen Siedlung wurde so wieder hergerichtet, wie sie einst gestanden hat. Seit 1988 ist sie ein Freilichtmuseum und seit dieser Zeit auch Anziehungspunkt des jährlichen Altburgfestivals mit viel keltischer Musik.

Im Keltendorf Bundenbach

Das Heidetränk-Oppidum
Marktplatz 1, D-61440 Oberursel
vortaunusmuseum.de

Im Taunus findet sich eines der bedeutendsten keltischen Oppida: Das Heidetränk-Oppidum bei Oberursel. Es liegt an den Hängen des Urselbachtals, das auch als Heidetränktal bezeichnet wird. Auf 130 Hektar erstreckt sich das Oppidum mit Ringwällen über zwei Bergrücken. Die noch gut erkennbaren Ringwälle sind die Überreste von Trockenmauern, die man zum Schutz der Stadt angelegt hatte. Die Häuser standen auf rund 160 Terrassierungen. Die Stadt wurde gegen Ende des zweiten Jahrhunderts v. Chr. erbaut. Als die Römer in Hessen anrückten, war die Stadt verlassen. Ein archäologischer Rundwanderweg mit mehrsprachlichen Schautafeln führt durch das ehemalige Oppidum. Er nimmt seinen Anfang an der Fußgängerbrücke in der Nähe der Endstation der Frankfurter U-Bahnlinie 3 Oberursel/Hohemark.

Archäologen gruben zum einen bäuerliche Handwerksgeräte wie eiserne Pflugschare oder Sicheln aus. Man fand auch Münzen, die möglicherweise im Oppidum geprägt worden waren. Der größte Teil der Funde befindet sich im Vortaunus-Museum in Oberursel. Ein umfangreicher Silbermünzenschatz aus dem Heidetränk-Oppidum, den Raubgräber an die Oberfläche befördert hatten, wird zur einen Hälfte in der Archäologischen Staatssammlung in München und zur anderen im Archäologischen Museum in Frankfurt aufbewahrt.

Keltenwelt am Glauberg

Hauptstraße 17,
D-63695 Glauburg-Glauberg
keltenwelt-glauberg.de

Ein ganz besonderer Ort ist der Glauberg bei Glauburg in Hessen. Er wurde bereits in der Jungsteinzeit besiedelt. Hier entdeckte man drei keltische Gräber aus dem fünften Jahrhundert v. Chr. und die Statue eines keltischen Fürsten, die als beliebtes Motiv inzwischen zahlreiche Veröffentlichungen ziert. Das im Jahre 2011 eröffnete Museum ist Teil der Keltenwelt am Glauberg, zu der auch ein Forschungszentrum und archäologischer Park gehören. Im Park können die Besucher einen rekonstruierten typischen Grabhügel bestaunen und sich anhand der Grabensysteme und Wehranlage ein Bild davon machen, wie man sich in frühkeltischer Zeit vor ungebetenen Besuchern schützte. Die riesige Anlage am Glauberg ist noch lange nicht vollständig erforscht. Man weiß längst noch nicht genug über diejenigen, die sie einst bewohnten und warum sie zu so erkennbarem Reichtum gelangten.

Die lebensgroße Sandsteinstatue und die Funde aus den Gräbern sind die Herzstücke der Ausstellung. Multimediale Installationen und eine fiktive Begleitgeschichte im Comicstil entführen die Besucher in die Zeit der Kelten. Die Glauberger Keltenwelt befindet sich in einem der momentan spektakulärsten Museumsbauten Deutschlands. Sie beleuchtet die Kultur der Kelten aus den verschiedensten Perspektiven. Die Ausstellung berücksichtigt aber auch die große Bandbreite der keltischen Kulturerscheinungen vom sechsten Jahrhundert bis zur Zeit der römischen Eroberung, über die keltische Kultur der britischen Inseln bis zum zeitgenössischen Keltentum in der heutigen Musik, im Brauchtum und in der Mode.

Europäischer Kulturpark Bliesbruck

Robert-Schuman-Straße 2,
D-66453 Gersheim
Kulturpark-online.de

Als grenzübergreifendes Projekt in der saarländischen Gemeinde Gersheim und

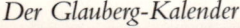

Der Glauberg-Kalender

der französischen Gemeinde Bliesbruck im Departement Moselle vereint der Europäische Kulturpark Bliesbruck Ausgrabungen aus keltischer und römischer Zeit sowie Rekonstruktionen mit Ausstellungs- und Schulungsräumen. Die archäologischen Untersuchungen im Tal der Blies beweisen eine kontinuierliche Besiedlung für über 10 000 Jahre. Auf deutscher Seite werden Fundstücke in einem kleinen Museum gezeigt. Auf dem Gelände befindet sich eine eindrucksvolle begehbare Rekonstruktion des Fürstinnengrabes von Reinheim aus dem vierten Jahrhundert. Die wertvollen Grabbeigaben sind zu bewundern. Die Grabkammer aus Eichenbalken war von einem gewaltigen Erdhügel bedeckt. Im westlichen Bereich hat man einige Holzbauten im keltischen Stil errichtet. Von einem Aussichtshügel aus ist ein großer römischer Gutshof an den Bodenfundamenten gut erkennbar. Man hat das repräsentative Tor und eines der zwölf Nebengebäude im Hofbereich rekonstruiert. Die meisten Originalfunde kann man sich im Saarländischen Museum für Vor- und Frühgeschichte in Saarbrücken anschauen. Die überdachten und zum Teil rekonstruierten Thermen aus gallorömischer Zeit kann man auf französischer Seite bewundern, sie werden durch Tafeln gut erklärt. Die Ladenstraße der Alten römischen Ansiedlung erkennt man an den freigelegten Fundamenten und einigen Kellern sowie einem Straßenstück. Man hat eine Mühle und einen Backofen wieder aufgebaut und einen kleinen Garten angelegt, in dem die typischen Nutzpflanzen der damaligen Zeit wachsen.

Das Keltendorf Steinbach

Keltendorf am Donnersberg e.V.,
Uhlandstraße 2, D-67808 Steinbach
keltendorf-steinbach.de

Im Jahre 2003 entwickelte sich die Idee, die Bauwerkskunst der Kelten zu neuem Leben zu erwecken. Anders als bei bestehenden Keltendörfern, lag die Idee für die Keltensiedlung in Steinbach nicht darin, ein Museum im klassischen Sinne zu errichten, sondern vielmehr das Modell einer keltischen Siedlung darzustellen. Die Besucher sollen bei diesem Projekt die Möglichkeit bekommen, selbst Hand anzulegen. Bei Führungen durch die Siedlung erhält man die Möglichkeit, neben Informationen zur Geschichte auch selbst keltische Handwerkstechniken, beispielsweise Spinnen und Feuermachen, zu erlernen.

Landesmuseum Württemberg

Schillerplatz 6, D-70173 Stuttgart
landesmuseum-stuttgart.de

Das Landesmuseum Württemberg in Stuttgart präsentiert mit seinen überaus reichen Funden aus der Hallstatt- und Latènekultur eine der bedeutendsten eisenzeitlichen Sammlungen Europas. Schon zu Beginn des 17. Jahrhunderts wurde mit den ersten Sammlungen begonnen. Die reich verzierte Grabkeramik der Hallstattzeit gehört zu den schönsten Töpfereierzeugnissen der süddeutschen Vorgeschichte überhaupt. Das Museum präsentiert mit dem „Krieger von Hirschlanden", den Funden von der Heuneburg und aus dem

Das Landesmuseum Württemberg im alten Stuttgarter Schloss

Fürstengrab von Hochdorf die Highlights der vorrömischen Eisenzeit in Mitteleuropa.

Keltenmuseum Hochdorf

Keltenstraße 2,
D-71735 Eberdingen-Hochdorf
keltenmuseum.de

Es ist rund 2500 Jahre her, dass auf den Höhen südlich der Enz bei Hochdorf ein

prunkvolles Begräbnis stattfand. Die prächtigen Beigaben, die man dem Toten mit auf die Reise in die jenseitige Welt gegeben hat, zeugen von seinem Reichtum und seiner Bedeutung für die dort lebenden Kelten. Über seinem Grab schüttete man einen mächtigen Hügel auf, der weithin ins Land sichtbar war. Der Hügel verschwand im Laufe der Zeit, das Grab wurde im Jahre 1978 wiederentdeckt. Nie wurde es von Grabräubern geplündert. Für die Archäologen war dies ein sensationeller Fund, dem sie mehrere Jahre intensiver Forschungsarbeit widmeten. Am Ende gelang es, die Grabkammer mit ihrer prunkvollen Ausstattung detailgetreu zu rekonstruieren.

Im Jahre 1991 wurde das Keltenmuseum Hochdorf/Enz eröffnet, das dem „Keltenfürsten von Hochdorf" und seiner Kultur gewidmet ist. Weit über eine halbe Million Besucher haben sich seitdem am Originalschauplatz in die Zeit der Kelten zurückversetzen lassen und die Bestattung in all ihrem Prunk bestaunt.

Das Museum zeigt sehr anschaulich, wie der Lebensstil des Hallstattfürsten und der ihn umgebenden Menschen war. Der Museumbau greift Elemente des Grabbaus auf und übersetzt sie in die moderne Formensprache. Über den Bau spannt sich ein 60 Meter breiter und

Der Keltengrabhügel von Hochdorf

sechs Meter hoher Metallbogen, der die ursprünglichen Abmessungen des mächtigen Grabhügels verdeutlicht. Die Kammer selbst befindet sich unterirdisch im Zentrum der Hügelkonstruktion, wo die Archäologen sie gefunden haben.

„Stonehenge" im Schwarzwald

Franziskanermuseum, Rietgasse 2,
D-78050 Villingen-Schwenningen
museen.villingen-schwenningen.de

Dass Mutter Erde immer wieder Überraschungen preisgibt, zeigte sich im Jahre 2011 bei nachträglichen Grabungsauswertungen am Römisch-Germanischen Zentralmuseum Mainz. Im Fürstengrab von Magdalenenberg entdeckte man ein riesiges frühkeltisches Kalenderwerk. Die Anordnung der Gräber um das zentrale Fürstengrab stimmt nämlich mit den Sternbildern des nördlichen Himmels überein, wie die Wissenschaftler herausfanden.

Anders als beim prähistorischen Stonehenge, wo sich die Erbauer am Verlauf der Sonne orientierten, handelt es sich bei dem einhundert Meter breiten Grabhügel vom Magdalenenberg um die weltweit älteste keltische Anlage, die auf die Mondzyklen ausgerichtet ist. Auf den Hügel wurden Stangenreihen gesetzt, mit denen man die Mondwenden erfassen konnte. Diese Himmelserscheinungen waren bestimmend für die keltische Zeitrechnung; die Kelten vom Magdalenenberg waren in der Lage, dadurch Mondfinsternisse vorauszusagen.

Der Sternenhimmel vom Magdalenenberg zeigt eine Konstellation, die von der Wintersonnenwende bis zur Sommersonnenwende nachts zu sehen ist. Wissenschaftler am Römisch-Germanischen Zentralmuseum rekonstruierten mittels Computerprogrammen den Stand des damaligen Sternenhimmels und somit die Sternenbilder, die zum Zeitpunkt der Sommersonnenwende sichtbar waren. Mit Hilfe moderner astronomischer Software konnte so die Erschaffung der Anlage exakt auf das Jahr 618 v. Chr. datiert werden.

Schon Caesar berichtete über die mondbasierte Zeitrechnung der keltischen Kultur. Allerdings geriet diese Art der Kalenderrechnung nach der römischen Eroberung der keltischen Gebiete in Europa in Vergessenheit. In der monumentalen Grabanlage Magdalenenberg trat diese Mondkultur erstmals wieder ans Tageslicht.

Das eisenzeitliche Fürstengrab Magdalenenberg liegt etwa zwei Kilometer

Der Magdalenenberg

südwestlich vom Zentrum Villingen-Schwenningens. Der Berg ist der größte hallstattzeitliche Grabhügel Mitteleuropas; er hat ein Volumen von 33 000 Kubikmetern.

Die zugehörige Siedlung ist archäologisch noch nicht erforscht. Die Grabkammer wird von den Wissenschaftlern auf das Jahr 616 v. Chr. datiert. Sie ist der größte hallstattzeitliche Holzfund in Mitteleuropa und kann im Franziskanermuseum in Villingen bewundert werden.

Rund 300 Ausstellungstücke – von der keltischen Kinderrassel über Amulette bis zum Rasiermesser und Nagelschneider geben einen Einblick in das Leben vor mehr als 2500 Jahren. Ein Hügelmodell mit Diorama, Fotos und Filme über die archäologischen Grabungen sowie eine Präsentation der am Magdalenenberg eingesetzten archäologischen Methoden erwartet die Besucher.

Kelten-Römer-Museum Manching

Im Erlet 2, D-85077 Manching
Museum-manching.de

In Manching befand sich einst eine der bedeutendsten Städte der keltischen Welt. Das Kelten-Römer-Museum zeigt die interessantesten Funde, die die Archäologen in über 100jähriger Ausgrabungszeit ans Tageslicht befördert haben. Die Besucher können hier einen der größten je entdeckten keltischen Goldschätze bestaunen und sich ein Bild davon machen, wie hochentwickelt das keltische Handwerk und die Landwirtschaft gewesen sind. Zudem werden die Luxusgüter ge-

Rekonstruktion der Siedlung von Manching

zeigt, die sich die Manchinger Kelten aus dem Mittelmeerraum importieren ließen. Nach der Übernahme durch die Römer wurde in der Nähe ein Militärlager errichtet, von dem ebenfalls zahlreiche Objekte berichten, zum Beispiel zwei nahezu komplett erhaltene Militärschiffe aus dem ersten nachchristlichen Jahrhundert. Zu den beeindruckenden Funden gehört auch ein einzigartiges Goldbäumchen. Werkzeuge, wie sie zum Teil heute noch verwendet werden, zeugen vom hoch spezialisierten Handwerk und der entwickelten Landwirtschaft der Kelten. Luxusgüter aus dem Mittelmeerraum dokumentieren, dass die Manchinger Kelten weitreichende Handelskontakte hatten.

Keltenmuseum Heuneburg

Holzgasse 6, D–88518 Herbertingen
Heuneburg.de

Als ältestes massives Lehmbauwerk nördlich der Alpen gilt die Befestigung der
Heuneburg an der oberen Donau bei
Hundersingen. Die Reste der keltischen
Höhensiedlungen haben sich über 2500
Jahre erhalten. Ein Teil dieser Anlage
wurde in einem von der EU geförderten
Projekt rekonstruiert. In der Südostecke
des Bergplateaus wurde ab 1998 in drei-
jähriger Arbeit ein Freilichtmuseum errichtet. Heute kann man dort mehrere
originalgetreue Bauten besichtigen. Dazu
gehören ein Herrenhaus und ein keltisches Wohnhaus samt Speicher- und
Werkstattgebäude. Auf einem circa drei
Meter breiten Kalksteinsockel wurde eine Lehmziegelmauer mit dem so genannten Donautor errichtet, sie ist nördlich der Alpen einzigartig. Sie zeigt, dass
die Kelten nicht nur Meister der Baupla-
nung und Durchführung waren, sondern
auch nach dem Vorbild südeuropäischer
Anlagen schon während des sechsten
Jahrhunderts v. Chr. ihre Bauten errichteten.

Keltenhaus Thalmässing

Landersdorf, D–91177 Thalmässing
altmuehlnet.de

Am dritten Sonntag im September wird
in Landersdorf bei Thalmässing im mit-
telfränkischen Landkreis Roth Geschichte lebendig, wenn man im „lebendigen
Geschichtsdorf" das alljährliche Kelten-
fest begeht. Im Mittelpunkt stehen keltisches Handwerk und Alltagsleben. Der
Verein Naturhistorische Gemeinschaft
Nürnberg hat hier ein keltisches Bauern-
haus aufgebaut.

Das Keltendorf Gabreta

Bayerischer Wald, D–94160 Ringelai
Ringelai.de

In Lichtenau/Ringelai in Niederbayern
präsentiert der archäologische Erlebnis-
park Keltendorf Gabreta Geschichte zum
Erleben und Anfassen. Mittels antiker
Techniken und mit einfachen Werkzeugen hat man hier verschiedene Häuser im
keltischen Stil der Laténezeit erbaut. El-
tern und Kinder sind hier zur Reise in
die Vergangenheit des bayerisch-böhmi-
schen Grenzgebietes eingeladen. Das Leben der Vorfahren wird praktisch erlebbar

Die Heuneburg

gemacht – man kann zum Beispiel aktiv beim Bau neuer Häuser mithelfen oder sich an keltischen Handwerkstechniken probieren. Auf Äckern und Weiden wird vorgestellt, wie Landwirtschaft und Tierhaltung damals aussahen. Fachleute beschäftigen sich mit der Nachzüchtung alter Haustierrassen, wie zum Beispiel von Wollschweinen. Familien können, wenn sie wollen, selbst mit aussäen, ernten oder Tiere betreuen. Am Wochenende wird keltisches Brot gebacken. Als Gabreta wurde das örtliche Waldgebirge im Grenzgebiet schon in der Antike bezeichnet.

Die verschiedenen Mitmachaktionen werden im Internet angekündigt.

Das Steinsburgmuseum
Waldhaussiedlung 8, D-98631 Römhild

Das Steinsburgmuseum in Römhild im Süden Thüringens bildet ein Ensemble mit der nahegelegenen keltischen Steinsburg aus der Zeit zwischen dem fünften und dem ersten Jahrhundert v. Chr.. Seit 1996 steht die keltische Kultur im Mittelpunkt der Dauerausstellung im Museum. Um die Zeitenwende verließen die Bewohner die Steinsburg. Die gewaltige Anlage wurde dem Verfall preisgegeben. In fünf Ausstellungsräumen wird die Entwicklung der Kulturen und Lebensweisen von der Mittelsteinzeit über die Eisenzeit bis zum Hochmittelalter dargestellt, wobei die keltische Besiedlung der Steinsburg den Schwerpunkt bildet. Man kann sich keltischen Schmuck anschauen und bewundern, wie farbenfroh sich die Menschen damals kleideten. Für junge

Interessenten werden Veranstaltungen zur experimentellen Archäologie angeboten.

Der Keltenerlebnisweg
Franken und Südthüringen
Kelten-erlebnisweg.de

Auf den Spuren der Kelten in Franken und Südthüringen kann man auf dem Kelten-Erlebnisweg wandeln, der auf 254 erlebnisreichen Kilometern von der Werra über die Gleichberge und Hassberge, durch das Maintal und den Steigerwald bis zum Aischgrund führt. Unterwegs sind archäologische Spuren und landschaftliche Schönheiten zu entdecken, wobei sieben Berge mit schönen Aussichten die Wegstrecke zusätzlich abwechslungsreich machen.

Das Keltendorf Mitterkirchen
Lehen 12, A-4343 Mitterkirchen
Keltendorf-mitterkirchen.at

In Oberösterreich hat sich das Erlebnismuseum in Mitterkirchen zu einer kulturellen Attraktion entwickelt. Die Dorfanlage mit 20 Gebäuden stellt das Leben in der Hallstattzeit vor mehr als 2700 Jahren dar. Ein begehbares Hügelgrab vermittelt einen Einblick in die Begräbnisrituale der damaligen Zeit. Es werden alte Handwerkstechniken vorgeführt und im originalgetreu nachgebauten Backhaus wird Brot gebacken. Man kann Töpferkurse belegen und einfachen Metallschmuck im keltischen Stil selber herstellen. Selbst wie man damals ein Blockhaus baute, kann dort erlernt werden.

Im Keltendorf Mitterkirchen

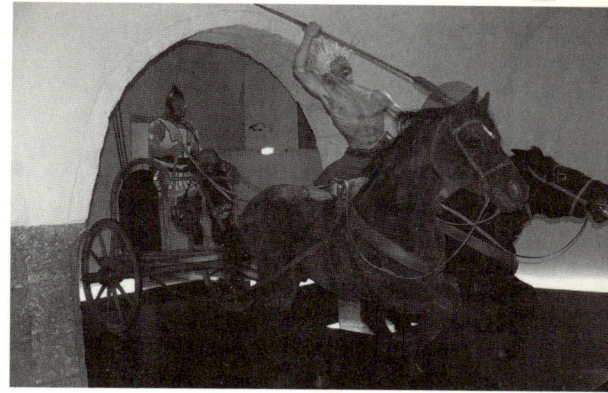

Streitwagen im Keltenmuseum Hallein

Als man das Hallstattzeit-Dorf errichtete, wurden die wissenschaftlichen Erkenntnisse aus den Grabungen in Mitterkirchen umgesetzt, so dass die Besucher heute die Möglichkeit haben, sich in die Lebensweise der Kelten zu versetzen. Beeindruckend ist auch die Rekonstruktion eines Grabhügels, in dem der Mitterkirchener Prunkwagen gezeigt wird.

Keltenmuseum Hallstatt

Keltenmuseum Hallstatt, Seestraße 56, A-4830 Hallstatt
museum-hallstatt.at, salzwelten.at

Der Ortsname Hallstatt steht heute als Bezeichnung für eine ganze Epoche. Das Gräberfeld mit dem benachbarten Salzbergwerk unweit von Bad Goisern gilt heute als die Wiege der österreichischen Geschichte. Hallstatt liegt am gleichnamigen See ungefähr 20 Kilometer südlich von Bad Ischl. Ein kurzer historischer Rundweg führt die Besucher um das Gräberfeld. Im Ort befindet sich das Museum Welterbe Hallstatt mit den wichtigsten Funden.

Keltenmuseum Hallein

Pflegerplatz 5, A-5400 Hallein
salzburgmuseum.at, salzwelten.at.

Das Keltenmuseum Hallein ist eines der größten Museen für keltische Geschichte in Europa. Die Kombination aus Gräberfeldern, Siedlungsflächen und dem Salzbergbau am Dürrnberg ist außergewöhnlich für die Eisenzeit. Das absolute Highlight: Die 2500 Jahre alte, keltische Schnabelkanne. Man fand sie 1932 in einem schon früh geplünderten Wagengrab.

Darüber hinaus sind drei Fürstenzimmer (1756) und zahlreiche Objekte zur Geschichte Halleins zu sehen. Angebote für Kinder machen den Besuch zu einem Erlebnis für die ganze Familie.

Keltendorf am Dürrnberg

Ramsaustraße 3, A-5422 Bad Dürrnberg
Salzwelten.at

Etwa 50 Kilometer von Hallstatt entfernt,
in Bad Dürrnberg bei Hallein, liegt ein
großes Gräberfeld, wo man im Sommer
den Archäologen quasi über die Schul-
tern schauen kann. Am dortigen Besu-
cherbergwerk hat man ein kleines Keltendorf nachgebaut. Das Grabungsgebiet
Eilsfeld befindet sich an der Landstraße in
Richtung Berchtesgaden. Das Keltendorf
liegt am südlichen Ortsrand von Bad
Dürrnberg. Im Keltendorf werden Ar-
beits- und Lebensweisen der Bergmanns-
familien, die vom Abbau des Salzes lebten,
von der keltischen Zeit bis ins Mittelalter
nachgestellt. In jeder der Hütten wird den
Besuchern eine Geschichte erzählt, die
mit dem Leben der Kelten zu tun hat. So
kann man beispielsweise im Versamm-
lungshaus Zeuge einer keltischen Diskus-
sion werden. Ein am Dürrnberg entdeck-
tes Fürstengrab hat man rekonstruiert, es

Das Schaugrab in der Keltenwelt Frög

beherbergt einen keltischen Fürsten auf
seinem Streitwagen mit Waffen und rei-
cher Grabausstattung. Ein prähistorischer
Stollen veranschaulicht, wie mühevoll die
Gewinnung des begehrten Salzes war. Bei
Grabungen am Dürrnberg wurden 366
Gräber mit rund 600 Skeletten geborgen.
Vor kurzem entdeckten Archäologen er-
neut wertvolle Beigaben in einem Grab,
unter anderem einen beeindruckenden
Bronzehelm, den jetzt das Halleiner Kel-
tenmuseum zeigt.

Das Kulm-Keltendorf

Kulming 50, A-8212 Kulm bei Weiz
kulm-keltendorf.at

Der 975 Meter hohe Kulm bei Weiz in der
Steiermark wurde schon vor 6000 Jahren
besiedelt. Vor rund 3000 Jahren etablierte er
sich als Kultzentrum. Die Befestigungsanla-
ge aus der späten Bronzezeit wurde von
den Kelten zur Latènezeit wieder instand
gesetzt. Ab 1999 entstanden acht Rekon-
struktionsbauten am Rande der archäologischen Zone unterhalb des Gipfelbereichs.
Die Häuser sind um einen Dorfanger im
Stil eines keltischen Weilers gruppiert und
mit Palisaden- und Flechtzäunen umgeben.
Besucher betreten die Anlage durch eine
massive Holz-Toranlage.

Keltenwelt Frög

Bergweg 22, A-9232 Frög
Keltenwelt.at

Vor rund 3000 Jahren wurden in Frög
Verstorbene der gesellschaftlichen Oberschicht mit kostbaren Beigaben in Form

von Schmuck oder Waffen unter riesigen Grabhügeln bestattet. Ein einzigartiger Fund ist der prunkvolle Totenwagen aus Blei. Eines der größten Fürstengräber hat man zu einem Schaugrab umgestaltet, um tiefere Einblicke in die Totenkulte der Kelten zu ermöglichen. Originalschmuckstücke aus einem Frauengrab sind ebenfalls sehenswert. Die etwa 600 Grabhügel auf einer Fläche von rund 100 Hektar wurden vor 100 Jahren entdeckt. Die wissenschaftlichen Untersuchungen haben gezeigt, dass die Verstorbenen vor der Bestattung mit ihren Kleidern und ihrem Schmuck zunächst verbrannt worden sind. Unter den Beigaben finden sich als Besonderheiten kleine Bleifiguren, die den Toten mit ins Grab gegeben worden sind. Neben einfachen geometrischen Formen stellen sie schematische Menschenfiguren sowie Reiter dar. Ein besonderes Fundstück ist ein vierrädriger Wagen mit einer Reihe von Zugtieren.

Das Laténium

Espace Paul Vouga, CH-2068 Hauterive
Latenium.ch

Im Schweizer Kanton Neuenburg, am gleichnamigen See im Ort Hauterive liegt das Laténium, benannt nach der Fundstelle La Tène. Das kantonale Museum wurde im Jahre 2001 eröffnet und liegt in einem archäologischen Park. Bis 1980 lag die 2,5 Hektar große Fläche unter dem Spiegel des Seewassers. Bis zum Jahre 1986 wurde die Fundstelle trockengelegt und archäologisch ausgegraben. Zutage kamen in mehreren Schichten Siedlungsreste aus der Jungstein- und

Rekonstruktion im Laténium

Spätbronzezeit sowie ein frühsteinzeitlicher Lagerplatz. Wer den modernen Museumsbau besucht, wird auf einer Ausstellungsfläche von 2200 Quadratmetern aus dem Heute immer weiter in die Vergangenheit geführt. Zunächst steht man dem Menschen des 21. Jahrhunderts mit einem Schweizer Taschenmesser gegenüber und begegnet am Ende Urzeitmenschen mit ihren Steinwerkzeugen.

Der Park rund um das Museum ist frei zugänglich und beinhaltet unter anderem eine keltische Brücke.

Alesia

1 Route des Trois Ormeaux,
F-21150 Alise-Sainte-Reine
Alesia.com

Auf dem Mont Auxois im Departement Côte d'Or, nordwestlich der französischen Stadt Dijon, stand einst eine keltische Stadt, von der man heute weiß, das sie das

Alesia war, aus dem der Avernerfürst Vercingetorix einst die keltischen Truppen
gegen die Römer anführte. In der Stadt
befanden sich mehrere Kultplätze, an denen unter anderem die Göttinnen Damona und Epona sowie die Muttergöttin verehrt wurden. Als Nachfolgerin der antiken
Stadt wird Alise-Sainte-Reine betrachtet.
In der dortigen Kirche wird eine gallorömische Christin verehrt, die sich einer Ver-
heiratung mit einem Römer verwehrte
und deshalb geköpft wurde. Auch die örtliche Quelle ist ein Wallfahrtsort.

Am antiken Schauplatz der entschei-
denden Schlacht zwischen Cäsars Truppen und den Galliern unter Vercingetorix
erwartet die Besucher ein Interpretati-
onszentrum und ein höchst interessanter
szenografischer Parcours in einer in das
Landschaftsbild integrierten Anlage mit
Panoramablick. Man kann sich hier auf

eine Zeitreise in das Jahr 52 v. Chr. bege-
ben. Nach der historischen Niederlage
war das Oppidum weiterhin bewohnt.
Dank ihrer hochqualifizierten Kunst-
handwerker florierte die gallorömische
Stadt bis in das fünfte Jahrhundert n. Chr.
hinein. Seit 1865 steht die 6,60 Meter
hohe Vercingetorix-Statue auf einem sieben Meter hohen Steinsockel am Mont
Auxois, beim Schauplatz der Schlacht.
Römische Festungen sind beeindruckend
nachgebaut. Es gibt Animationen für Er-
wachsene und Kinder.

Das Fürstinnengrab von Vix

Musée du pay chatillonais, 14 Rue de la
Liberation, F-21400 Chatillon-sur-Seine
musee-vix.fr

Unweit von Chatillon-sur-Seine am
Mont Lassois in Frankreich befindet sich
eine um das Jahr 480 v. Chr. errichtete
Begräbnisstätte, das so genannte Fürstin-
nengrab von Vix. Archäologen förderten
dort griechisches Luxusgeschirr ans Tageslicht, das seinen Weg über das Mittelmeer und den Hafen von Massalia (Marseille) und dann über die Rhone dorthin
gefunden hatte. Prunkstück ist ein so ge-
nannter Krater, ein Weinmischgefäß, das
das größte dieser Art aus der Antike ist.
Das Gefäß ist aus Bronze, hat eine Höhe
von 1,64 Metern, wiegt 208 Kilo und
kann 1100 Liter Flüssigkeit fassen. Der
kunstvoll verzierte Behälter ist an seinem
Hals mit 23 Figuren geschmückt, die sich
auf acht Kampfwagen aufteilen, gezogen
von vier Pferden. Seit Sommer 2009
wird der Schatz von Vix im neuen Museum von Chatillon-sur-Seine in den Kon-

Vercingetorix in Alesia

Der Krater von Vix

Kelten weitergenutzt wurde und auch heute ein Symbol moderner Kelten ist.

Während des Mittelalters schrieb man die Entstehung der Anlage in der Ebene von Amesbury einem Zauber Merlins zu. Im 17. Jahrhundert hielt man sie für das Grab der Stammesführerin Boadicea. Römer, Wikinger und Sachsen wurden abwechselnd für ihre Erbauer gehalten, ebenso phönizische Seefahrer. Im 19. Jahrhundert glaubte man, dass es sich nur um eine druidische Opfer- und Kultstätte handeln konnte. Stonehenge ist so alt wie die ägyptischen Tempel, es wurde im dritten vorchristlichen Jahrtausend erbaut. Die Frühphase der Anlage wird auf etwa 3100 v. Chr. datiert.

Die Steine für diese, wie man heute weiß, astronomische Beobachtungsstation wurden in mühevoller Arbeit aus den mehr als 200 Kilometer entfernten Bergen in Wales geholt. Die UNESCO erklärte Stonehenge im Jahre 1986 zum Weltkulturerbe.

ventsgebäuden der Abtei Notre-Dame gezeigt. Dort hat man auch die Grabkammer der Prinzessin rekonstruiert. Die Besucher können sich zudem Schmuck, das antike Trinkservice und den Grabwagen anschauen.

Stonehenge
Stonehenge.co.uk

Das berühmteste Megalithbauwerk der britischen Inseln, wo sich Anhänger des Neodruidentums so gerne treffen, ist nicht keltischen Ursprungs, wird aber immer wieder mit dem Keltentum in Zusammenhang gebracht, da es von den

Stonehenge

Fünftes Kapitel
Kleines Kelten-ABC

Ackerbau

Die Kelten der Frühzeit bauten verschiedene Getreidesorten an, von denen die Gerste wohl die häufigste war. Neben Roggen, Hafer und Hirse verwendete man auch Dinkel, Emmer und Einkorn. In der Latènezeit erfand man zur Arbeitserleichterung Drehmühlen.

Erbsen, Linsen und Bohnen waren die wesentlichen Hülsenfrüchte. Kleidungsstoffe stellte man hauptsächlich aus Flachs her; die beliebte blaue Farbe der Kelten wurde aus Färberwaid gewonnen. Erntesicheln aus dem siebten Jahrhundert v. Chr. sind erhalten, ab der Latènezeit benutzte man Pflugscharen.

Amulette und Symbole

Das Tragen von Amuletten war in den antiken Kulturen weit verbreitet, in der keltischen allerdings sehr ausgeprägt. Mit Beginn der Latènezeit war der Amulettgebrauch am häufigsten. Indem man das Material, dem man bereits eine entsprechende Schutz- oder Hilfswirkung zuschrieb, mit spezieller Symbolik verband, wollte man die Wirkung verstärken. Dabei wurden Symbole geschaffen, die von der simpelsten Form wie einem Kreis oder einem Kreuz bis hin zur kunstvollen Ornamentik reichte. Viele keltische Symbole haben sich über die Jahrtausende bis heute erhalten. Einige lassen sich recht einfach deuten, bei anderen bleibt Spiel-

Der irische Heilige Patrick mit dem Kleeblatt, dem Nationalsymbol der Iren. Fensterbild in der St. Benn's Church in Kilbennan

raum für eine individuelle Auslegung des Betrachters.

Avalon

Sagenhafte Insel in der keltischen Mythologie. Der Ort, an dem sich die ver-

Die Feen pflegen den verwundeten Artus auf der Insel Avalon. Gemälde von James Archer (1823 bis 1904)

storbenen Könige und die Helden der keltischen Sagenwelt aufhalten. Nach seiner Verwundung durch seinen Neffen Mordred wurde König Artus dort von Feen gepflegt. Seit dem Jahre 1191 wird Avalon mit dem Ort Glastonbury in der englischen Grafschaft Somerset in Verbindung gebracht

Bäume

Druiden werden heute noch als „Eichenpriester" bezeichnet, ein Begriff, der die starke Beziehung zur Welt der Bäume verdeutlicht. Es gab zahlreiche Baumgötter. Blätter oder Blätterkronen finden sich auf keltischen Masken und Figuren. Einzelne Stämme hatten ihre festen Kultbäume (Stammbäume sozusagen). Feinde legten es oft darauf an, den heiligen

Baum eines Stammes zu zerlegen, um damit den Gegnern die Kraft zu nehmen. Im ländlichen Rheinland, wo sich mit dem Setzen des Maibaumes vor dem 1. Mai keltisches Brauchtum bis in unsere Tage erhalten hat, kam es noch bis vor kurzer Zeit vor, dass übermütige Burschen aus einem Nachbardorf dieses Fruchtbarkeitssymbol in einer nächtlichen Aktion absägten. Heilige Haine als Ansammlung von Bäumen wurden als Kultplätze aufgesucht und die Druiden unterrichteten ihren beruflichen Nachwuchs im Eichenwald. Der Baum mit dem stärksten Bezug zur Anderswelt war der Apfelbaum. Als Lebensbaum galt die Birke. Die Eiche stand für Kraft und Größe. Für die irischen Kelten war die Eibe der wichtigste Baum. Viele Gegenstände des täglichen Gebrauchs wurden aus Eibenholz hergestellt, um die Kräfte des Baumes ins Haus zu holen. Nahezu jeder Baum hatte seine Funktion – entweder in dem man seine Früchte tatsächlich nutzte, oder ihn für seine Eigenschaften verehrte. Die moderne Pflanzenheilkunde hat das seit alter Zeit überlieferte Wissen von der Heilkraft verschiedener Bäume inzwischen oft bestätigt.

Barden

Die römischen Chronisten erwähnen die keltischen Barden gemeinsam mit den Druiden und den Sehern. Zwei Barden gelangten in der Literatur zu großer Bekanntheit: Ossian aus James Macphersons gleichnamiger Dichtung sowie der Comicbarde Troubadix aus den Asterix-Heften.

In den antiken Darstellungen werden die Barden als Dichter, Sänger und Musi-

Barde vor Königsfamilie.
Gemälde von Anton Huxoll (1808 bis 1840)

Hexen im magischen Kreis.
Gemälde von John William Waterhouse, 1886

ker dargestellt, die das Lob auf tapfere Männer zu singen hatten und sich auf einer Handleier begleiteten. Sie wurden nicht zur Priesterklasse gezählt, hatten also keine druidische Funktion im engeren Sinne. Über ihre Rolle in der gallo-römischen und romano-britischen Zeit ist nicht viel bekannt. In den alten irischen Sagen sind die Barden Musiker und Dichter an den Höfen der irischen Könige. Als höfische Berufe sind der Cainte (Sänger), Cruitire (Harfenspieler), Scélaige (Erzähler) und Corrguinecht (Satiriker) überliefert, wobei nicht klar zu sagen ist, ob es sich dabei um Barden im traditionellen Sinne oder um neue spezialisierte Berufsbilder handelt. Im Frühmittelalter organisierten sich die walisischen Barden als Orden unter dem Namen Bardd Teulu. Im Hochmittelalter wurden sie zu Hofbeamten. In Irland existierten mehrere Bardenschulen, was dazu führte, dass die keltische Musik und Dichtung zu jener Zeit sehr populär wurden. Bei großen Bardentreffen (Eisteddfoddau) zeigten die besten von Ihnen ihre Kunst.

Das walisische Eisteddfod ist ein jährlich stattfindendes großes Festival, das sich auf die alten Traditionen beruft und im Jahre 2004 für den Friedensnobelpreis nominiert wurde. Im modernen Drui-

dentum werden angehende Druiden, die den ersten Grad der Ausbildung erreicht haben, als Barden bezeichnet.

Beltane

Das Beltanefest am 1. Mai wurde zum Auftakt der Sommerzeit gefeiert. Wörtlich übersetzt lautet es „scheinendes Feuer". Der Tag ist an der Nahtstelle der zwei Jahreshälften der Kelten.

Die Nacht vor dem Beltanefest ist die Nacht der Anderswelt in ihren verschiedenen Ausprägungen. Feen und Hexen sind unterwegs. Am Morgen ist es Zeit für einen Neubeginn. An Beltane fanden in keltische Zeit Versammlungen mit wichtigen zu fällenden Beschlüssen statt.

Berufe

Dörfer wie auch Gutshöfe waren selbstversorgerisch ausgerichtet. Alles, was man zum täglichen Gebrauch herstellen konnte, wurde von der Bevölkerung produziert. Luxusgüter und Dinge, die nicht dem alltäglichen Gebrauch entstammten, wurden über fahrende Händler vertrieben, die von Ort zu Ort reisten. Dieser Berufszweig spielte durchaus eine wichtige Rolle zu jener Zeit, denn die Händler verkauften oder tauschten nicht nur Waren und Güter, sondern brachten auch Informationen aus anderen Regionen.

Rohstoffe, die nicht überall verfügbar waren, wie Salz oder zur Metallherstellung nötige Bodenschätze, fanden ihren Weg über ausgebaute Fernhandelsnetze zu den Abnehmern. Erhalten gebliebene Salzbergwerke aus keltischer Zeit etwa zeugen heute noch von der Technik des Bergbaues. Die mit dem Abbau Beschäftigten konnten keine Selbstversorger

mehr sein, wie die Bewohner der Dörfer. Sie waren auf das angewiesen, was die Bauern aus dem Umland lieferten. Beim großen Salzbergwerk von Hallstatt in Oberösterreich etwa, wo seit dem zwölften Jahrhundert v. Chr. Salz abgebaut wurde, entwickelte sich schon frühzeitig solch ein berufliches Spezialistentum. Im sechsten Jahrhundert v. Chr. verhinderten Wassereinbrüche den weiteren Abbau und das Salzbergwerk in Hallein beim heutigen Salzburg übernahm die für weite Teile Europas so wichtige Salzgewinnung. Diejenigen, die finanziell stark vom Salzhandel profitierten, wurden so reich, dass sie sich Importgüter aus weit entfernt liegenden Ländern leisten konnten, die die Zeit als Grabbeigaben überdauerten und uns heute davon kund tun. Auch die Eisenproduktion jener Zeit dürfte durch ein ähnliches Spezialistentum dominiert worden sein, allerdings gibt es davon heute kaum Spuren.

Briefmarken

Seit 2005 ziert der „Keltenfürst vom Glauberg" eine 144-Cent-Briefmarke, die in einer Auflage von 17 Millionen als deutsches Sonderpostwertzeichen gedruckt wurde. Werner Schmidt aus Frankfurt hat sie im Rahmen der Serie „Archäologie in Deutschland" entworfen. Im Jahre 1976 gab es bereits vorher

Der Fürst vom Glauberg auf einer Briefmarke von 2005

zwei keltische Briefmarkenmotive: Eine goldverzierte Schale aus dem Fürstengrab von Schwarzenbach und einen silbernen Halsring aus Epfenbach-Trichtingen.

Dudelsack

Der Dudelsack ist das Nationalinstrument der Schotten und nach wie vor in den heute noch keltisch geprägten Ländern beliebt. Zwar war das Instrument in der Antike in Europa bekannt, ob aber die Kelten zu jener Zeit darauf gespielt haben, weiß heute niemand. In der populären keltischen Musik unserer Zeit zählt der Dudelsack zu den wichtigsten Instrumenten. Die ursprüngliche Heimat des Dudelsacks ist vermutlich Indien. In der Sanskritsprache wird er Nagabaddha genannt. Etwa ab dem fünften Jahrhundert v. Chr. verbreiten sich Dudelsäcke in

Dudelsack spielende Engel gibt es einige in Kirchenfenstern. Dieser hier in Schottland hat allerdings einen Cernunnoskopf neben sich.

Ägypten und gelangen über das Mittelmeer nach Europa. Keltische Namen für die regional unterschiedlichen Instrumente sind Uilleann Pipes (Irland), Pwyannwn und Gwenloitheg (Cornwall), Tibhae und Pibacwd (Wales), und Binioù kozh (Bretagne). Fachleute schätzen, dass es heute in Europa rund 180 verschiedene Dudelsackarten gibt.

Der Name Dudelsack hat übrigens nichts mit dudeln zu tun. Man führt ihn auf das türkische Wort Duduk (Flöte) zurück. Der ungarische Begriff lautet Duda.

Esoterik

In den Schaufenstern und Auslagen der Esoterikläden wie auch in den entsprechenden Regalen der Buchhandlungen spielt das Thema Keltentum eine große Rolle. Dies spricht für das große Interesse der Kunden wie auch für die Möglichkeiten der Vermarktung. Dadurch, dass beispielsweise die keltischen Symbole nicht nur eine ansprechende optische Wirkung haben, sondern auch in vielfältiger Richtung deut- und auslegbar sind, eignen sie sich hervorragend für den großen Esoterik-Gemischtwarenladen. Das Wort Esoterik stammt aus dem Griechischen und bedeutet eigentlich „Inneres". Lehren, die einem inneren Kreis zugänglich sind und nur von Eingeweihten an Eingeweihte beziehungsweise Einzuweihende weitergegeben werden, hat es vermutlich seit Menschengedenken in jeder Kultur gegeben und wird es wohl auch immer geben. Die Druiden waren sicherlich für diesen Bereich zuständig. Geheimhaltung des Wissens schützte vor dessen Missbrauch und sicherte zudem ihre Sonderstellung in-

nerhalb der Gesellschaft. Nach der Bekämpfung und dem offiziellen Verbot des
Druidentums römischerseits werden andere die Position der Eichenpriester
übernommen haben, im Geheimen. Was
vom Druidenwissen auch für die nachfolgenden Generationen wichtig und
brauchbar war, wurde auch weiterhin erhalten und an diejenigen weitergegeben,
die damit umgehen konnten. Geheime
Zirkel entstanden und erste Schriften, die
man vor denen, die sie nicht lesen sollten,
verbergen musste. Als das Christentum an
die Macht kam, oder besser gesagt, als
Machthaber unter der Symbolik des
Christentums regierten, wurde das ver-
folgt, was nicht in den Kontext passte. Je
weiter allerdings echtes esoterisches Wissen von Rom entfernt war, desto besser.
In Irland und Schottland konnten noch
im frühen Mittelalter Mönche in der Tradition ihrer druidischen Vorgänger (und
oft auch Vorfahren) stehen und ungestört
altes Wissen neu formulieren. Auf dem
Festland musste man da schon auf der
Hut sein und sich an entlegenen Orten
treffen, um inquisitorischer Denunziation
zu entgehen. Botschaften konnte man
chiffrieren, sie in Märchen, Mythen, Gedichte, Lieder oder materielle Kunst-
oder Bauwerke transportieren, so dass sie
nur von denen verstanden wurden, die zu
verstehen in der Lage waren. Bei praktischen und rituellen Handlungen war dies
schon schwieriger, ganz besonders beim
direkten Kontakt mit der für die Kelten
einstmals so selbstverständlichen Anderswelt. Das, was man heute allgemein unter
Esoterik versteht, ist ein Gemisch aus
psychologischer Lebenshilfe, Alternativ-
heilkunde, positivem Denken und reli-

Hexensabbat.
Ölbild von Francisco de Goya, 1789

giösen beziehungsweise alltagsphiloso-
phischen Themen. Und da hat „Keltisches" seit Jahrzehnten seinen festen
Platz. Jeder Leser oder Kursusteilnehmer
kann für sich entscheiden, ob das, was
ihm da an Wissen oder Praxis vermittelt
wird, sein Leben bereichert oder nicht.
Und wenn das für ihn persönlich in seinem Sinne „keltisch" ist und sich gut an-

fühlt, dann ist es einfach so. Hier schließt sich dann der Kreis zwischen der Rückschau auf historisch Darstellbares und individueller, persönlicher Deutung.

Franken

Es war nicht immer so, dass die Franzosen die Kelten als ihre direkten Vorfahren betrachteten. Viele Jahrhunderte galten die germanischen Franken als die Gründerväter des heutigen Frankreichs, was sich ja auch im Namen der Nation niederschlug. Nach der Niederlage gegen die Deutschen im Krieg von 1870/71 gab es allerdings eine landesweite Abneigung gegen den Gedanken, mit den siegreichen Nachbarn dieselben Vorfahren teilen zu müssen. Seit dieser Zeit bekommt jedes Schulkind schon früh offiziell per Schulbuch mitgeteilt, dass es keltische Wurzeln hat.

Frauen

Auch wenn speziell feministisch inspirierte Autoren uns die Kelten gerne als Vorläufer der weiblichen Emanzipation darstellen, sollte man nicht davon ausgehen, dass in den Familien nicht das Patriarchat herrschte. Cäsar schrieb, dass die Männer gar die Herren über Leben und Tod der Frauen und Kinder gewesen seien. Allerdings gibt es auch andere Seiten der keltischen Kultur, die sich deutlich von dem unterschieden, was zu jener Zeit in den europäischen Hochkulturen üblich war. Der Beruf der Druidin ist ebenso nachweisbar wie zahlreiche Positionen als Fürstinnen und Stammesführerinnen. Einige antike Autoren berichteten, dass sich keltische Frauen ihre Ehemänner selber aussuchen durften.

So stellte sich der Maler Alexandre Cabanel im 19. Jahrhundert eine keltische Drudin vor.

Ebenso kämpften sie wenn nötig an der Seite der Männer und nahmen an Trinkgelagen teil.

Fürst von Hochdorf

Ende der 70er Jahre staunten die Archäologen nicht schlecht, als sie bei Grabungen in der Nähe von Stuttgart ein ungeplündertes Fürstengrab aus der spä-

ten Hallstattzeit freilegten. Der Mann, der in einer Holzkammer auf einer fahrbaren Liege aus Bronze auf Pflanzen, Fellen und Tüchern gebettet lag, war für antike Verhältnisse mit 1,87 Metern Größe ein Hüne. Bis auf den goldenen Torques um den Hals waren alle prächtigen Grabbeigaben Neuanfertigungen für die Reise in die Welt der Toten. Im Kontrast zu Schmuck und Waffen stand das konische Hütchen aus Birkenrinde auf seinem Kopf. Man hatte ihm acht goldverzierte Trinkhörner mitgegeben sowie einen Bronzekessel mit einem Fassungsvermögen von 500 Litern, in dem sich Met befunden hatte, wie eine Analyse ergab. Auf dem vierrädrigen Pferdewagen des Bestatteten befand sich Essgeschirr aus Bronze mit neun Tellern.

Galater

Griechiche Bezeichnung für die keltischen Bewohner der Region um das heutige Ankara, wo sie sich um das Jahr 270 v. Chr. angesiedelt hatten. Die Galater sind die Nachfahren von 20 000 Söldnern aus den Stämmen der Tolistobogier, Tektosager und Trokmer, die der griechische Herrscher im Jahre 278 für sein Heer angeheuert hatte und mit ihren Frauen und Kindern nach mehreren Schlachten in der Zentraltürkei ansiedelte. Nach der römischen Eroberung im Jahr 25 v. Chr. wird das keltische Gebiet zur Provinz Galatien. Später lassen sich die Galater zum Christentum bekehren und werden zu Adressaten von Paulusbriefen in der Bibel. Ihr keltischer Dialekt wird noch im vierten nachchristlichen Jahrhundert vom Kirchenvater Hieronymus bezeugt.

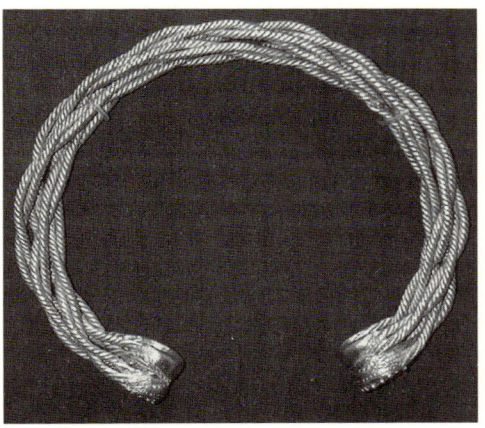

Keltischer Schmuck, vor allem der aus Gold, erstaunt durch seine Zeitlosigkeit.

Gold

Wer sich heutzutage eine Ausstellung mit keltischem Kunsthandwerk anschaut, ist oft erstaunt über die Qualität des Gezeigten. Besonders in der Latènezeit war die technische und künstlerische Kultur sehr ausgeprägt.

Ein sagenhafter keltischer Goldschatz, von dem in früheren Zeiten berichtet wurde, war das Gold von Tolosa. Im Teich eines keltischen Heiligtums in Tolosa, dem heutigen Toulouse, soll das Gold, das von einem keltischen Stamm aus Delphi nach Gallien gebracht worden war, gelagert worden sein, bis die Römer im Jahre 106 v. Chr. die Stadt eroberten. Konsul Quintus Servilius Caepio ließ das Gold bergen und schickte es auf den Weg nach Massalia (Marseille), dort kam es jedoch nie an. Es heißt, der Konsul habe den Schatz von seinen Männern beiseite schaffen lassen. Wenn römische Soldaten

ihre Sandalen auf das Land anderer Völker setzten, taten sie dies nicht aus Wohltätigkeit. Hinter der römischen Expansion stand hauptsächlich eines: Gier. Die Römer waren hinter den Reichtümern ihrer Nachbarn her. Wenn keltische Oppida geplündert wurden, füllte deren Gold die Kassen in der Reichsmetropole. Bei den Kelten hatte das Gold eher einen sakralen als einen materiellen Wert. Auch Goldmünzen waren nur in zweiter Linie Zahlungsmittel. Ihre erste Funktion galt der Opferung für die Götter. Die römischen Berichterstatter schrieben über den massiven Goldschmuck, den manche Kelten besaßen, wobei es nicht nur Frauen waren, die sich mit Ringen und Ketten schmückten, sondern auch die Männer. Vermutlich wollte man Eindruck schinden, aber das Gold stand auch für seine symbolische Schutzwirkung. Zudem war man von der gesundheitsfördernden Wirkung des Goldes überzeugt. Was man den Toten mit auf ihre Reise gab, wurde oft speziell für die Zeit nach dem Leben hergestellt. Römische Reisende waren hochgradig erstaunt über die Mengen an Gold, die sie an keltischen Kultstätten zu Gesicht bekamen. Die Kelten hatten deutlich mehr Zugriff auf Flussgold als die Römer. Dieses Gold konnte ohne viel Aufwand gewonnen werden.

Häuser

Da die frühkeltischen Häuser aus Holz und Lehm errichtet wurden, sind keine Mauer- oder Fundamentreste erhalten. Die Häuser waren sehr stabil. Man baute winzige Hütten wie auch mehrstöckige prächtige Villen. Die Zimmermannskunst

Die keltischen Häuser auf den Dörfern waren meistens aus Holz und Lehm gebaut.

war ausgeprägt und sorgte dafür, dass die Häuser sehr praktisch waren und man Holz sparte. Da man allerdings keine Kamine verwendete, musste man den durch die offenen Feuerstellen entstehenden Rauch durch Fenster abziehen lassen, was dazu führte, dass es speziell im Winter in den Häusern immer etwas zugig zugegangen sein muss.

Bevor in den südlichen Regionen die keltischen Städte angelegt wurden, lebten die Menschen entweder auf Gutshöfen, in Dörfern oder in befestigten Burganlagen.

Im Süden Bayerns haben die Geschichtsforscher rund 200 ehemalige keltische Gutshöfe erfasst. Diese waren quadratisch angelegt, bis zu 5000 Quadratmeter groß und von Palisadenmauern und Gräben umgeben. Dort lebten Großgrundbesitzer mit ihren Bediensteten und ihrem Vieh in relativem Wohlstand, nicht allerdings in Reichtum.

Es gab Höfe, die einzeln angelegt waren und Gutshöfe, um die sich herum im Laufe der Jahre Dörfer gebildet hatten, manchmal mit bis zu 150 Holzhäusern.

Die keltischen Burgen, die während der Hallstattzeit entstanden, lagen auf Anhöhen und Bergplateaus und hatten einen deutlicheren Verteidigungscharakter als die Dörfer im Flachland. Im sechsten Jahrhundert v. Chr. entstanden Burgen, die ein größeres Umland beherrschten und in denen Stammesoberhäupter mit ihren Familien residierten. Ein Merkmal dieser im zentralen und westlichen mitteleuropäischen Keltenland der frühen Hallstattzeit gelegenen Burgen sind die so genannten Fürstengräber, über die sich die Archäologen unserer Zeit sehr freuten und die uns viel Anschauungsmaterial liefern.

Heilige Raserei

Mit ohrenbetäubendem Lärm, ausgelöst durch laute Blasinstrumente, durch wildes Gebrüll und das Schlagen der Waffen auf die Schilde und die mit Metall verkleideten Seiten der Wagen, versuchten die Kelten ihre Gegner aus der Fassung zu bringen. Die römischen Berichterstatter beschrieben die gestikulierenden keltischen Kämpfer, die nur mit einem Torques bekleidet waren, als im Zustand der Extase, der heiligen Raserei. Manche Wissenschaftler vermuten heute, dass die Druiden durch spezielle Techniken und eventuell den Einsatz von Drogen die Kämpfer in eine Art Trance versetzt hatten. Dadurch wurden die Schmerzempfindungen vermutlich heruntergesetzt und die Kampfbereitschaft gestärkt.

Imbolc

Am Abend vor dem 1. Februar begann das keltische Imbolcfest zu Ehren der Göttin Brigit. Die Kirche nahm das Fest als Lichtmess in ihren Kalender auf. Die Tage werden Anfang Februar länger und man feierte die Wiederkehr des Lichtes.

Keltische Kalender

Je nach Sicht- und Verwendungsweise gibt es verschiedene Interpretationen des Begriffes „Keltischer Kalender". Historiker benennen damit das Kalendersystem der antiken Kelten. Weiter gibt es verschiedene kalendarische Ausfertigungen keltischer Bewohner der Britischen Inseln sowie den keltischen Kalender innerhalb der Esoterik und des Neuheidentums. Gegen Ende des 19. Jahrhunderts fand man in der Nähe von Coligny

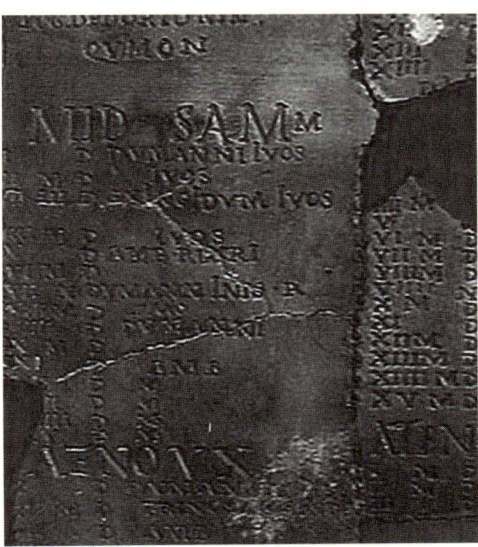

Teile des Kalenders von Coligny

im französischen Departement Ain Teile einer Bronzetafel, die einen keltischen Kalender darstellte. Die Buchstaben waren römisch, die Sprache eine gallische. Der Kalender stellt einen Fünfjahreszyklus dar und teilt die Monate nach dunkel und hell, die Tage nach günstig oder ungünstig ein. Der Kalender von Coligny richtete sich nach der Sonne wie auch nach dem Mond. Er hat zwölf Monate, nach zweieinhalb Jahren wird ein Schaltmonat eingeschoben, um damit das Sonnenjahr auszugleichen.

Der Inselkeltische Kalender basiert auf dem irischen Kalender und damit auf mythologischen Überlieferungen.

Keltische Kalender innerhalb der Esoterik gehen auf den britischen Schriftsteller Robert Graves zurück, der in seinem Buch „Die weiße Göttin" („The white Goddess") einen Baumkalender entwarf, in dem er den einzelnen Jahresmonaten Baumnamen zuordnete und den im entsprechenden Monat Geborenen bestimmte Eigenschaften zuwies. Der keltische Kalender teilt das Jahr grob in vier Teile. Das Jahr beginnt am 1. November mit dem Samhainfest, das gleichzeitig die kalte Jahreszeit einläutet. Der Name „Halloween" ist allerdings aus der christlichen Ära, mit „all hallows eve" wurde der Vorabend vor Allerheiligen bezeichnet. Der nächste kalendarische Fixpunkt ist das Spätwinterfest, aus dem durchaus ein Bezug zum heutigen Karneval hergestellt werden kann. Dann folgt das Fest zum ersten Mai, das auch den Beginn des Sommers markiert sowie das Mitsommerfest.

Keltische Tempel

Nachdem die Kelten ihre Götter hauptsächlich unter freiem Himmel verehrt haben, entstehen um das Jahr 120 v. Chr. in den keltischen Oppida, wie zum Beispiel in der Keltenstadt beim heutigen Manching, Tempelbauten als sakrale Mittelpunkte des Ortes.

Keltisches Kreuz

Das keltische Kreuz ist das heute wohl bekannteste Symbol des Keltentums. Allgemein gilt das von einem Kreis umge-

Das keltische Kreuz

bene Kreuz als das Zeichen des irisch-keltischen Christentums. Allerdings war es schon lange vor der Entstehung der ersten christlichen Gemeinden auf der Insel vorhanden. Symbolisch steht es für die Verbindung des weiblichen und des männlichen Prinzips. Der Kreis symbolisiert die Erde, auf der sich alles in einem immer währenden Kreislauf bewegt. Im Kreis sind Polaritäten nicht immer gleich erkennbar. Das Kreuz macht sie aber sichtbarer. Das Kreuz selbst ist die Kreuzung zweier Wege. Im Schnittpunkt treffen sich die irdische und die geistige Welt.

Kessel

In den Asterixcomics sieht man den Druiden Miraculix oft vor einem mächtigen Kessel stehen und den Zaubertrank anrühren, der den Stammesmitgliedern ihre übermenschlichen Kräfte verleihen soll. Bei den Stammesführern galt der Metallkessel als Sinnbild für Gastfreundschaft. Gleichsam waren die großen keltischen, reich verzierten Kessel rituelle Gegenstände. Mit ihnen wurden Prozesse der Erhaltung des Lebens in Verbindung gebracht. Aber auch Opferungen fanden in beziehungsweise mit Kesseln statt. Die Fürstengräber enthielten fast alle große Kessel als Beigaben. Im gesamten keltischen Kulturkreis wurden den Göttern geweihte Kessel in Gewässern versenkt. Manchmal waren sie mit Votivgaben gefüllt. Keltische Handwerker waren Meister im Herstellen von Kesseln, die auch bei Nachbarvölkern gefragt waren. So fand man die schönsten keltischen Kessel versenkt in Mooren im heutigen Dänemark. Einer davon ist der Kessel von Gundestrup. Er besteht aus knapp neun Kilogramm vergoldetem Silber und zeigt nicht nur auf der Außenseite, sondern auch von innen Darstellungen von Göttern und Göttinnen und Szenen der keltischen Mythologie. Er scheint rituell versenkt worden zu sein, was Wissenschaftler zu der Vermutung führte, dass den druidischen ähnliche Rituale auch in Nordeuropa durchaus ein Thema gewesen sein müssen.

Kleeblatt

Das Nationalsymbol der Iren ist das Kleeblatt. Man findet es auf Flugzeugen wie auch auf Verpackungen von Lebensmitteln. Die Drei war für die antiken Kelten eine heilige Zahl. Auch das dreiblättrige Kleeblatt wurde als göttlich angesehen und mit magischen Vorstellungen verbunden. Eine Legende erzählt vom heiligen Patrick, der als Missionar seinen Zuhörern zu erklären versucht hat, wie man sich die christliche Dreieinigkeit vorzustellen habe. Er pflückte ein Kleeblatt von der Wiese, vor der er stand, und verdeutlichte damit den Anwesenden die Lehre.

Kleidung

Wie sich die keltischen Frauen und Männer kleideten, darüber liefern uns die erforschten Gräber Informationen. Es sind hauptsächlich Schmuckstücke, aus denen wir den Kunststil erkennen können. Verständlicherweise sind es da eher die Frauengräber, die uns Anschauliches erhalten haben. Demnach werden die Frauen in der Latènezeit je nach Jahreszeit Kleidung getragen haben, die die Oberarme frei ließ, damit der wertvolle

Schmuck auch sichtbar war. Aus dem gleichen Grund wird man Kleider entworfen haben, die nicht bis über die Knöchel reichten. Die Kleidung wurde mit Fibeln verschlossen, Knöpfe verwendete man noch nicht. Man trug breite Ledergürtel mit kunstvoll verzierten Schnallen aus Metall. Kleider wurden tailliert oder gerafft. Die Frisur steckten die Keltinnen mit Nadeln fest, manche trugen auch Hauben und Kopftücher.

In Gräbern fand man rockartige Kleidungsstücke nicht nur für Frauen, sondern auch für Männer. Etwa ab 500 v. Chr. setzten sich dann bei den Männern auch Hosen durch. Die Herren trugen Stiefel, die bis über die Fußknöchel reichten und eine Schnabelspitze hatten. Gewebereste in Gräbern weisen darauf hin, dass die Bekleidung der Kelten sehr bunt und die Herstellungstechnik auf einem hohen Niveau war. Verarbeitet wurden Leinen, Wolle, Seide, Goldbrokat und Leder. Übrigens verwendete man damals schon Karomuster. Der heute typische Schottenrock hat also durchaus historische Vorbilder.

Körpergröße

Im Durchschnitt waren keltische Männer 1,72 Meter groß. Frauen kamen auf 1,59 Meter.

Kopfkult

Spektakuläres findet immer die meiste Beachtung. So auch der keltische Kopfkult, von dem Diodoros Siculus schrieb: „Sie schneiden die Köpfe der gefallenen Feinde ab und hängen sie ihren Pferden an die Mähne … die Köpfe ganz berühm-

Der keltische Kopfkult erschien den Römern und Griechen barbarisch.
Stich von Joseph Noel Paton, 1863

ter Feinde balsamieren sie mit Zedernöl und bewahren sie in einer Truhe auf."

Krieger von Hirschlanden

Anfang der 60er Jahre kam bei Ausgrabungen in der Nähe von Hirschlanden in Baden-Württemberg der so genannte Krieger von Hirschlanden zutage. Die Statue zeigt einen Kelten fast in Lebensgröße mit einem konischen Hut auf dem Kopf, einem Torques um den Hals sowie einem Dolch im Gürtel. Ansonsten ist die Figur nackt.

Kunst

In den Museen finden sich prächtige künstlerische Werke der keltischen Zeit, die den Betrachter staunen lassen. Die

Keltische Bronzescheibe aus dem vierten Jahrhundert v. Chr.

Griechen und Römer, die kleiner waren, beschrieben die Kelten als hochgewachsen, von heller Haut und meistens blond.

Literatur

Aus der Eisenzeit ist nichts Literarisches von keltischer Seite bekannt. Mythen, Überlieferungen und Erzählungen, die heute noch populär sind, stammen überwiegend von den Inselkelten.

Medizin

Die Museen bieten uns nicht allzu viel Anschauungsmaterial, was die Medizin der Kelten betrifft. Es gab Untersuchungen an Skeletten, aus denen Rückschlüsse auf Verletzungen oder Krankheiten gezogen werden konnten. Einige Knochen

meisten Objekte stammen aus der Latènezeit. Ein Merkmal dieser Periode war, dass die Kelten häufige Kontakte zu anderen Völkern pflegten, bei denen sie sich abschauten, was ihnen gefiel und dies mit ihren eigenen künstlerischen Vorstellungen zu einer neuen, faszinierenden Kunstform verschmolzen. Hauptsächlich waren es die Griechen, Etrusker und Italiker, von denen man sich inspirieren ließ. Das Ergebnis dieser Symbiose war ein völlig neuer Kunststil, der nur noch wenig Gemeinsamkeiten mit anderen hat. Typisch ist zum Beispiel die Mistelblattkrone, die auf keltischen Steinsäulen dargestellte Menschen ziert.

Lebenserwartung

Die Lebenserwartung betrug für das männliche Geschlecht im Schnitt 35 bis 40 Jahre, für das weibliche 30 bis 35.

Flussgöttinnen hatten an Quellheiligtümern meist auch eine Heilungsfunktion. Gemälde von Joseph Noel Paton, 19. Jahrhundert

weisen Spuren chirurgischer Eingriffe auf, die darauf schließen lassen, dass Operationen zum medizinischen Handwerk gehörten. In einigen Museumsvitrinen finden sich Schädelsägen und medizinische Geräte aus Bronze oder Eisen. An Quellheiligtümern fand man Votivgaben in Form von Bildtafeln oder kleinen Figuren. Sie wurden der jeweiligen Gottheit als Opfer oder zum Dank gebracht und sie zeigen oft die erkrankten Körperteile. Daraus kann man Auskünfte über die Häufigkeit bestimmter Erkrankungen ziehen.

Um die antike keltische Heilkunde zumindest in ihren Grundzügen verstehen zu können, sollte man sich zunächst allgemein mit der Volksmedizin Mitteleuropas beschäftigen und sich auch dem Schamanismus zuwenden. Die Heilkunst der Kelten hat ihre Wurzeln in vorgeschichtlicher Zeit; das, was brauchbar war, hat man übernommen, und das werden die schamanistischen Elemente und das Erfahrungs- und Intuitionswissen über bestimmte Heilmittel aus der Natur gewesen sein.

Miniaturen

In den Museen kann man sie bewundern, die keltischen Miniaturen. Meistens aus Bronze, manchmal auch aus Gold oder Silber, handelt es sich dabei um rituelle Gegenstände – Amulette oder Votivgaben für die Götter.

Mistel

Die Beschreibung des weißgekleideten Druiden, der mit einer goldenen Sichel unter Einhaltung bestimmter Regeln Misteln von den Bäumen schneidet, stammt von Plinius dem Älteren. Die Mistel scheint die wichtigste Pflanze für die Kelten gewesen zu sein. Fakt ist, dass die Inhaltsstoffe der Mistel das Immunsystem steigern können. Auch heute noch wird die Mistel in der Pflanzenheilkunde eingesetzt.

Verschiedene Darstellungen zeigen Kelten mit einem besonderen Ornament in Kopfnähe, das durchaus einem Mistelblatt ähnelt.

Musik

Auf verschiedenen Münzen aus der Latène-Zeit ist ein merkwürdiges Instrument abgebildet: Die Carnyx, eine Art Bronze-Trompete mit einer Mündung, die wie in Wildschweinkopf geformt ist. Die Carnyx wurde von den Kelten hauptsächlich bei kriegerischen Handlungen geblasen. Man wollte damit den Gegner akustisch aus der Fassung bringen und die eigenen Kämpfer anstacheln. „Ihre Trompeten waren von einer eigentümlichen barbarischen Art, sie blasen hinein und lassen einen rauen Laut ertönen, die an die Wirren des Krieges erinnert", schrieb der römische Berichterstatter Diodorus Siculus in seinen

Die keltische Harfe ist das irische Nationalinstrument.

„Historien". In Schottland wie auch in Frankreich wurden bisher recht gut erhaltene Exemplare dieser Instrumentengattung in Gewässern gefunden oder ausgegraben.

Natürlich gab es innerhalb der keltischen Kultur auch friedliche Musik. Das Wort „Barde" ist ein Begriff, der heute noch oft verwendet wird. Das altkeltische Wort ist Bardos, auf Gälisch sagt man Bard und auf Bretonisch Barzh.

Archäologisch kamen Panflöten (Syrinx), verschiedene Pfeifen und Lyren zum Vorschein. Flöten und Pfeifen wurden nicht nur aus Holz und Metall, sondern auch aus Knochen und Horn hergestellt. In einigen Museen liegen keltische Schellen, Rasseln, Klapperbleche, Glöckchen und Tontrommeln in den Vitrinen. Anhand der erhaltenen Instrumente aus der Antike geht man davon aus, dass pentatonische Tonleitern üblich waren. Während aus dem Mittelalter viele schöne Instrumente erhalten geblieben sind, neben anderen Harfen, Flöten, Trompeten, Oboen und diversen Saiteninstrumenten, kam nach und nach der Dudelsack in Mode.

Barden waren Dichter, Sänger und Musiker. Ihre Texte begleiteten sie dabei entweder auf einer Harfe oder einer Leier. Inhaltlich drehte es sich bei der Bardenmusik um die Lobpreisung tapferer Männer. Welche Rolle sie später in der gallorömischen und in der romano-britischen Zeit spielen, ist nicht klar, da es keine schriftlichen Belege gibt. Es scheint jedoch, dass sich die Tradition an den irischen Adelshöfen hielt, denn in den Sagen der Insel leben die Cainte (Sänger), Cruitire (Harfenspieler) und Scélaige

Rockbands wie die Dropkick Murphys aus Boston erlangten mit keltisch inspirierter Musik internationalen Erfolg.

(Erzähler) weiter. In Wales bildete sich ein Bardenorden mit einer geregelten Ausbildungsordnung für zukünftige Wort- und Tonkünstler. Als im Mittelalter in Irland zahlreiche Bardenschulen entstanden, erlebten keltische Dichtung und Musik einen großen Aufschwung. Bei den so genannten Eisteddfoddau, den Dichtertreffen, kamen die Barden jener Zeit seit dem zwölften Jahrhundert regelmäßig zusammen. In Wales fand in jedem Jahr ein großes Eisteddfod statt, bei dem die Barden aus allen Himmelsrichtungen ihre Künste miteinander maßen. Später gab es nicht nur in Wales und Cornwall, sondern auch in der Bretagne Vereinigungen von Barden (Gorsedd), die für einen Erhalt der keltischen Dichtkunst und Musik wie auch der Sprache sorgten. Bardische Lieder aus der frühen Zeit sind nicht erhalten, wohl aber aus dem Mittelalter. Manche Musikwissenschaftler sind der Ansicht, dass auch das alpine Jodeln aus keltischer Zeit stammt. Überall in Europa hielt sich über die Jahrhunderte die Tradition der fahrenden Musiker. Sie zogen von Stadt zu Stadt und spielten auf Märkten, Volksfesten, Hochzeiten, Beerdigungen und überall da, wo ihre Musik gebraucht wurde.

Bei den Inselkelten entwickelte sich nach und nach eine vitale Volksmusik, die innerhalb der Familien weitergegeben wurde und zur Unterhaltung und zum Tanz in den Pubs eine wichtige gesellschaftliche Rolle spielte. Mit den Auswanderern gelangte diese Musik per Schiff nach Amerika, wo sie in den Einwanderervierteln der Städte mit anderen Musikstilen und Traditionen zusammentraf und einen starken Beitrag zum Entstehen der amerikanischen Folk- und später auch der Rock- und Popmusik leistete.

In den deutschsprachigen Ländern übertrug sich der Begriff Barde auf die Liedermacher. Im Sinne der frühen Barden entstanden in den 60er Jahren Open-Air-Festivals, die auch als Bardentreffen bezeichnet wurden.

Die keltisch inspirierte Musik hat sich in den letzten Jahrzehnten immer weiter entwickelt. Irische Geigen und Tin Whistles, schottische Dudelsäcke, keltische Harfen, Bodhrans (runde Rahmentrommeln, die möglicherweise ihre Vorfahren in den alten Schamantrommeln haben) gehören nach wie vor zum festen Equipment von Künstlern, die in verschiedenen Metiers mit keltischen Wurzeln musizieren. Bands wie die Dubliners oder die Chieftains waren ab den 60er Jahren die Stars populärer

Irish-Folk-Festivals in Mitteleuropa. Die britischen Fairport Convention und ihre diversen Ableger, ebenso Rockstars wie Jethro Tull oder selbst Led Zeppelin griffen immer wieder gerne auf Traditionelles zurück, aus dem sie Neues entwickelten.

Rockbands wie Big Country oder Runrig eroberten die Charts, ebenso die im Folk verwurzelten Rabauken von den Pogues oder die Celtic-Soul-Brothers von Dexy`s Midnight Runners. Und nicht vergessen dürfen wir an dieser Stelle den nordirischen Altmeister, Van Morrison. Clannad, Enya und Co. brachten mit ihrer getragenen, sanften und von Synthesizern durchwobenen Klängen esoterisch inspirierte Melodien

The Chieftains auf einer irischen Briefmarke

ins Radio und mit den Riverdance-Shows gelang keltisch verwurzelter Musik der Sprung auf die Theaterbühnen. Einwandererenkel aus den USA und Kanada, zum Beispiel die Dropkick Murphys, Flogging Molly oder Enter the Haggis verbanden die Musik ihrer Ahnen mit 70er-Jahre-Punk, Seefahrermelodien und Polkarhythmen und be-

geisterten damit auch das Publikum bei großen Rockfestivals und bildeten bald schon ein eigenständisches Genre innerhalb der Rockszene.

In Mitteleuropa geschah ähnliches unter anderen Vorzeichen. Neben Bands, die sich stark an ihren Vorbildern von den Inseln anlehnten, entwickelte sich mit wachsender Beliebtheit der Mittelaltermärkte eine Musik- und Musikersparte, die eben jenes Publikum bediente. Zwar legten die Spielleute dieser Szene ihr Augenmerk hauptsächlich auf die Musik des späten Mittelalters, ließen jedoch gerne Inspirationen aus der Tradition der fahrenden Musiker mit einfließen. Genannt seien hier In Extremo, Schandmaul oder Saltatio Mortis. Ein Ableger der Mittelalter-Szene ist der Pagan-Folk. Hier wird gerne klassischer Folk auch mit elektronischer Musik kombiniert. Die Einbettung traditioneller Instrumente wie Drehleier, Dudelsack, Laute oder diverse Flöten in elektronische Klangteppiche verleiht der Musik einen deutlich perkussiveren Charakter. Die niederländische Band Omnia gilt als Prototyp dieser Musikrichtung.

Neue Kelten

Der esoterisch orientierte Büchermarkt liefert ein immenses Sortiment an Veröffentlichungen, die sich mit der Spiritualität der Kelten beschäftigen. Da aus der Antike nur wenig wirklich Greifbares vorhanden ist, mit dem sich zu diesem Themenbereich Bücher füllen ließen, setzen die Autoren meist ein Puzzle aus verschiedenen Einzelbestandteilen zusammen. Es ist dabei kaum zu überschauen, wie und ob sich Mythologie

mit historischen Fakten mischen und wie sicher die Quellen sind, auf die zurückgegriffen wird. Aber dies scheint auch nicht wesentlich zu sein. Auf der einen Seite lässt sich deutlich erkennen, dass bei vielen Menschen ein großes Interesse an den Wurzeln unserer heutigen Kultur sowie auch ein philosophisches und religiöses Bedürfnis, das weder etablierte Religionsgemeinschaften noch Weltanschauungen gänzlich befriedigen können, besteht. Auf der anderen Seite schafft dieses Vakuum offene Türen für verschiedenste Mixturen an spirituellen Alternativenangeboten.

Der heutige keltische Neopaganismus ist eine Strömung innerhalb des Neuheidentums, der sich an der keltischen Mythologie orientiert. Paganismus bedeutet Heidentum und Neo heißt übersetzt „Neu".

Vielen Anhängern des Neopaganismus geht es um die Wiederbelebung vorchristlicher Religionen, die der Christianisierung zum Opfer gefallen sind. In Großbritannien haben Missverständnisse, was die keltische Kultur betrifft, dazu geführt, dass die Megalithanlage von Stonehenge zu einem Kultzentrum neuer Druidenorden wurde. Vor allem Dichter und andere Künstler waren es, die sich dort im 18. und 19. Jahrhundert von den heidnischen Dichtungen zu einer heidnischen neuen Spiritualität hin bewegten. Seit von immer mehr Autoren darauf hingewiesen wird, dass das Druidentum, soweit man es theoretisch rekonstruieren kann, starke schamanistische Züge trägt, findet sich bei manchen Anhängern der keltisch inspirierten Spiritualität nun ein wachsendes Interesse für diesen Bereich

an der Nahtstelle zwischen Religion und Heilung.

Erkennbar sind zudem zwei verschiedene Strömungen. Auf der einen Seite versuchen traditionalistisch Gesinnte unter Zuhilfenahme des aktuellen Wissens die vorchristliche Religion zu rekonstruieren und auf diesem Wege neu zu bele-

Kobold und Feen. Gemälde von Joseph Noel Paton, 1899

ben. Andererseits gibt es Modernisten, die versuchen, auf der Basis des Überlieferten in Kombination mit neuesten wissenschaftlichen Erkenntnissen eine Spiritualität für sich zu finden und leben zu können, die im Einklang mit Natur und Umwelt ist.

Die Sichtweise, dass Hexen gewissermaßen in der Tradition der antiken Heilkundigen, Seherinnen und Priesterinnen und damit auch der Druidinnen stehen, ist auch im Neopaganismus weit verbreitet. Kraftorte sowie alte Kultplätze spielen in verschiedenen neuheidnischen und esoterischen Strömungen eine wichtige Rolle. Wenn an manchen geschützten Boden- oder Naturdenkmalen Rituale stattfinden, kommt es auch schon mal zu Konflikten mit der Denkmalpflege und der Archäologie. Manch ein alter Ort fiel auf diese Weise auch schon einem übertriebenen „Kraftplatztourismus" zum Opfer. Stark frequentierte Orte wie Stonehenge oder die Externsteine haben Schäden davon getragen.

Ogham

Es existieren noch einige hundert Inschriften in der keltischen Oghamschrift, die meisten davon im Süden Irlands. Fast alle entstanden zwischen 500 und 800 n. Chr.. Die Druiden der vorchristlichen Zeit hatten die Zeichen, senkrechte Striche, die sich in ihrer Länge und der Anzahl unterscheiden, nur in Holz geschnitzt.

Opfer

Wie in den meisten antiken Kulturen mit ausgeprägter religiöser Aktivität war es auch bei den Kelten üblich, die Götter

günstig zu beeinflussen. Dabei spielten Opfer eine große Rolle. Wenn man den Göttern etwas gab, auf das man eigentlich nicht gerne verzichtete, dann stand dahinter die Absicht, deren Wohlwollen zu erlangen. Zudem glaubte man, dass die Götter Opfer erwarteten, um nicht beleidigt Schaden zu schicken. Opferbringen beruhigte die Nerven. Kultstätten und vor allem Quellen waren beliebte Plätze für derartige Aktionen. Opfern war eine individuelle wie auch kollektive Handlung. Während man üblicherweise vom Wertgegenstand bis zum lebenden Tier eine große Bandbreite an Opfergaben hatte, wurden bei gewichtigen Anlässen, etwa wenn eine Seuche das Land heimsuchte oder ein Krieg ausbrach, auch Menschen geopfert. Von Cäsar stammt die Beschreibung einer Götterstatue aus Weidengeflecht, die, mit lebenden Menschen gefüllt, von Druiden angezündet wird. Allerdings hat man von Seiten der Historiker derartige Handlungen, die die Römer gezielt zur Negativpropaganda nutzten, nicht nachweisen können. Wohl aber die Opferung einzelner Menschen.

Samhain

Das Ende des Sommers und der Beginn der dunklen Jahreszeit wird im keltischen Jahreskreis vom Samhainfest am 1. November markiert. Die wärmere Zeit endet, was der ursprüngliche Begriff „samfuin", Sommerende, ausdrückt. Nun beginnen die kälteren, dunklen Tage und Nächte. In der Nacht zwischen dem letzten Oktober- und dem ersten Novembertag befindet sich die Welt in einem Zwischenzustand. Es sind mehr Feen und Elfen unterwegs, auch Verstorbene. Und

Die von Cäsar beschriebene Statue aus Weidengeflecht, in der man Menschen bei lebendigem Leibe dem Feueropfertod übergab, ist historisch nie belegt worden. Stich aus dem 18. Jahrhundert

der Kontakt der Sterblichen zur Anderswelt ist in dieser Nacht einfacher als
sonst. Während ältere Menschen lieber
die Sicherheit des Hauses wählten, gab es
durchaus unerschrockene junge Leute, die
gerade in der Samhain-Nacht auf Aben-
teuertour gingen, oft auch vermummt.
Regional war die Sitte verbreitet, den
umherwandernden Toten Nahrungsmit-
tel hinzustellen. Der Halloweenkult von
heute hat seine Wurzeln im keltischen
Samhainfest.

Schamanismus

Der Schamanismus ist die älteste immer noch praktizierte Heilweise unserer
Erde. In Europa wurde er von den Vertretern des Christentums bekämpft und nahezu gänzlich ausgerottet. Zwar überlebten einige Techniken im Untergrund und
vermischten sich mit magischen Praktiken, einen öffentlich praktizierten Schamanismus gab es zumindest in Mitteleuropa seit dem Einmarsch der Römer, die
die keltischen Druiden verfolgten und
ihre Tätigkeit unter Strafe stellte, nicht
mehr. Lediglich in Nordeuropa, bei den
Sami in Lappland, hielt sich eine schama-
nische Tradition.

Sklaven

Neue archäologische Forschungen lassen den Schluss zu, dass einige keltische
Stämme, die mit den Römern regen
Handel trieben, eifrige Sklavenjäger waren. Sie verkauften die Gefangenen, und
dabei handelte es sich um überfallene be-
nachbarte Germanen, nach Rom, wo ein
großer Bedarf an billigen Arbeitskräften
bestand.

Tiere

Zur Zeit der Kelten war die Haltung
von Rindern, Schweinen, Ziegen, Scha-
fen und Pferden sowie von Hunden bereits seit Jahrtausenden üblich. Während
der Hallstattzeit bereicherte dann noch
das Haushuhn als Neuankömmling die
keltischen Höfe. Bis dahin kannte man
domestizierte Hühner nur in Südeuropa.
In den Dörfern dienten Kühe, Schafe
und Ziegen hauptsächlich der Milch-
und Wollegewinnung, weshalb man die
Tiere erst im fortgeschrittenen Alter
schlachtete. Keltenfürsten dagegen hielten sich auch große Tierherden.

Torques

Als Torques werden die Halsringe bezeichnet, die bei den Kelten wohl das für
uns heute markanteste Schmuckstück

*Die irische Bodhran erinnert heute an die
Rahmentrommel, die Schamanen bei ihren
Ritualen benutzen. Irisches Briefmarkenmotiv*

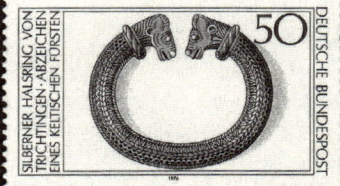

*Ein keltischer Torques auf einer Briefmarke der
Deutschen Bundespost*

waren, meistens waren sie aus Gold. An-
fangs wurden sie hauptsächlich von
hochgestellten Frauen getragen, später
wurden sie zum Symbol männlicher
Stärke.

Triskele

Eines der bekanntesten Symbole, das
auch heute sehr beliebt ist, ist die Triskele, die dreifache Spirale. Die heilige Zahl
drei weist in Form der Triskele auf das
Vergangene, das Gegenwärtige und das
Zukünftige hin und symbolisiert damit
die wesentlichen Stationen des menschlichen Lebens: Geburt, Leben, Tod.

Wirtschaft

In wirtschaftlicher Sicht waren die
Kelten ihren germanischen Nachbarn
deutlich überlegen. Ihre ackerbauliche
Technik war hoch entwickelt. Man hielt
Schweine und Rinder. An Bodenschät-
zen wurden neben Kupfer und Zinn
auch Gold und Silber gewonnen. Eine
große Rolle spielte der Erzabbau. Keltische Eisenwaffen waren bei den römischen Nachbarn hoch geschätzt und es
ist nicht ohne Ironie, dass die Kelten zum
Teil mit von ihnen selbst produzierten
Waffen von den Truppen Cäsars unter-
worfen wurden.

Das Erz wurde in Bergwerken abgebaut, deren Stollen bis zu 100 Meter tief
in den Boden gingen. Die Verarbeitung
fand in Großbetrieben statt.

Ein weiteres Gut, das untertage abgebaut wurde, verhalf lokalen Fürsten zu
enormem Reichtum: Salz. Hier reichten
die Stollen bis zu 200 Meter ins Erdreich
hinein. Im Salzburger Land kann man
sich heute noch einen Eindruck von der

Salzgewinnungstechnik der Kelten machen.

Das Handelsnetz, über das die Kelten
ihre Rohstoffe wie auch ihre fertigen
Produkte vertrieben, war weit verzweigt
und gut organisiert, so dass keltische Waren bis in die südlichen Mittelmeerregio-
nen gelangen konnten.

Zahlenmystik

Für die Kelten spielte die Zahl drei eine wichtige Rolle. Die Triskele als keltisches Dreiersymbol hat bis heute ihre
Popularität nicht verloren. Und auch das
berühmte irische Kleeblatt, mit dem der
heilige Patrick einst seinen Zuhörern
einst das Vater-Sohn-Heiliger-Geist-
Thema näherzubringen versucht hat, re-
präsentiert die keltische Drei. Götter tra-
ten oft in Triaden auf.

Die Fünf war das Symbol für die Unsterblichkeit der Seele.

Die keltische Triskele

Literaturempfehlungen und verwendetes Quellenmaterial

Ade, Dorothee, Willmy, Andreas: „Die Kelten", Stuttgart 2007

Arnold, Bruce: „Irish Art", London 1989

Ashe, Geoffrey: "Kelten, Druiden und König Arthur. Mythologie der Britischen Inseln", Olten 1992

Bernhardi, Anne und Fricke, Birgit: „Die Kelten – verborgene Welt der Barden und Druiden", Hildesheim 2010

Berresford Ellis, Peter: „Die Druiden. Von der Weisheit der Kelten", München 1999

Botermann, Helga: „Wie aus Galliern Römer wurden. Leben im Römischen Reich", Stuttgart 2005

Botheroyd, Sylvia und Paul: „Kelten", München 2001

Botheroyd, Sylvia und Paul: „Deutschland. Auf den Spuren der Kelten", München 1989

Botheroyd, Sylvia und Paul: „Lexikon der keltischen Mythologie", München 1999

Bradley, Ian: „Der keltische Weg", Frankfurt 1996

Brandt, Hartwin: „Das Ende der Antike. Geschichte des spätrömischen Reiches", München 2001

Cäsar, Gaius Julius: „Der Gallische Krieg", Wiesbaden

Carroll, Maureen: „Römer, Kelten und Germanen. Leben in den germanischen Provinzen Roms", Stuttgart 2003

Clarus, Ingeborg: „Die keltischen Mythen", Düsseldorf 2005

Cowan, Tom: „Die Schamanen von Avalon. Reisen in die Anderswelt der Kelten", München 2000

Cronin, Mike: „Irische Geschichte für Dummies", Weinheim 2009

Dillon, Myles und Chadwick, Nora K.: „Die Kelten. Von der Vorgeschichte bis zum Normanneneinfall", Köln 2004

Fehr, Hubert, von Rummel, Philipp: „Die Völkerwanderung", Stuttgart 2011

Fischer, Thomas: „Die Römer in Deutschland", Stuttgart 1999

GeoEpoche Nr. 47: „Die Kelten. Fürsten, Krieger und Druiden. Auf den Spuren einer rätselhaften Kultur", Hamburg 2011

G/Geschichte April 2003: „Druiden, Barden, Menschenopfer. Die Welt der Kelten", Nürnberg 2003

Haywood, John: „Die Zeit der Kelten. Ein Atlas", Frankfurt 2002

Herm, Gerhard: „Die Kelten. Das Volk, das aus dem Dunkel kam", Düsseldorf 1975

Irmscher, Konrad (Hrsg.): „Lexikon der Antike", Köln 2010

Jacoby, Edmund: „50 Klassiker. Mythen und Sagen des Nordens. Die keltische und germanische Überlieferung", Hildesheim 2007

Klein, Thomas F.: „Wege zu den Kelten. 100 Ausflüge in die Vergangenheit", Stuttgart 2004

Konstam, Angus: „Atlas der Kelten. Von der Hallstatt-Kultur bis zur Gegenwart", Wien 2002

Kratzer, Hertha: „Keltische Sagen", Wien 2010

Krause, Arnulf: „Die Welt der Kelten. Geschichte und Mythos eines rätselhaften Volkes", Frankfurt 2004

Krämer, Claus: „Die Heilkunst der Kelten", Darmstadt 2010

Krause, Arnulf: „Die Geschichte der Germanen", Frankfurt 2002

Kuckenburg, Martin: „Die Kelten", Stuttgart 2010

Kuckenburg, Martin: „Kultstätten und Opferplätze in Deutschland. Von der Steinzeit bis zum Mittelalter", Stuttgart 2007

Le Roux, Francoise und Guyonvarc´h, Christian-J.: „Die Druiden", Engerda 1996

Maier, Bernhard: „Die Religion der Kelten. Götter, Mythen, Weltbild", München 2001

Meller, Harald (Hrsg.): „Der geschmiedete Himmel. Die weite Welt im Herzen Europas vor 3600 Jahren", Stuttgart 2004

Müller, Felix: „Die Kunst der Kelten", München 2012

Nichols, Ross: „Das magische Wissen der Druiden. Tradition und Geschichte der keltischen Geheimlehre", München 1999

Paturi, Felix R.: "Die grossen Rätsel der Vorzeit", Frankfurt 2007

Percivaldi, Elena: „Das Reich der Kelten", Wien 2006

Peters, Ulrike: „Kelten. Ein Schnellkurs", Köln 2011

Poeplau, Wolfgang: „Der Gott der Iren und Kelten", Augsburg 1995

Schertler, Otto: „Die Kelten und ihre Vorfahren. Burgenbauer und Städtegründer", Augsburg 1999

Thiel, Andreas: „Die Römer in Deutschland", Stuttgart 2008

Vogt, Hermann: „Kulturen der Einsamkeit. Der keltische Rand Europas", Darmstadt 1994

Zimmer, Stefan: „Die Kelten. Mythos und Wirklichkeit", Stuttgart 2004

Bildnachweis

Archiv des Autors: 7, 9, 11 links, 12, 13, 14 beide, 17, 18, 19, 21, 24, 26, 36 rechts, 37, 39, 42 beide, 43, 44, 49, 51, 52, 54, 55, 58, 64, 65, 66, 68, 70, 71, 73, 74, 75, 77, 78, 79, 80, 81 beide, 82, 83, 84, 85, 94, 103, 104 beide, 105, 106, 108, 114, 115 rechts, 116, 118, 120, 122, 123 beide, 124

Ball, David: 101 rechts

Borchert, Andreas: 102

Borg, Locutus: 23

Finot, Christophe: 110

Frey, Raphael: 38

Gerth, Karl Udo: 33

Historische Literaturquellen: 8 (Nordisk Familjebok, 1876), 16 (Archaelogia Britannica)

Jahnke, Jochen: 100

Jaritz, Johann: 98

Keltenmuseum Heuneburg: 46, 95

Kienzler, Michael: 93

Klein, Michael: 32

Linge, Hartmann: 45

Meissner, Detlef: 92 unten

Piolle, Guillaume: 22

Quartier Latin: 31

Regionalia Verlag, Archiv: 76, 107

Sauber, Wolfgang: 97 rechts

Stiftsbibliothek St. Gallen: 69

Teschke, Sven: 90

Vodicka, Petr: 112

Wahra, Andreas: 11 rechts

Wikimedia Commons: 25 (Rauenstein), 27 (Lokilech), 28 (Dbachmann), 29 oben (Schütze), 29 unten (Roßbacher), 34 und 35 (Jestrow), 36 links (antmose), 40 (Sansculotte), 41 (Andim), 47 (Artmechanic), 48 (Einsamer Schütze), 53 (Alep), 56 (jnn95), 59 (Sandstein), 61 (Haselburg-Müller), 62 (NantonosAedui), 63 (Ad Meskens), 67 (Magsleyer 99), 72 (Mediacus), 87 (Rightindex), 89 (Roßbacher), 92 oben (Veitmueller), 97 links (Anzi9), 99 (Gab01), 101 links (Ivory), 109 (Simon Speed), 111 (NantonosAedui), 115 links (Gunpowder Ma), 117 (ohne Angabe)

Ebenfalls im Programm des Regionalia Verlages erhältlich

jeweils Hardcover, 16,5 x 19,8 cm

Gerhard Wagner
Schwein gehabt!
Redewendungen des Mittelalters

978-3-939722-31-1, 128 Seiten, € 4,95

Michael Losse
Kleine Burgenkunde

978-3-939722-39-7, 128 Seiten, € 4,95

DIE EDDA
Die germanischen Göttersagen

Herausgegeben von
Walter Hansen

978-3-939722-82-3, 160 Seiten plus Bildtafeln, € 7,95

Holger Vornholt
Kleine Klosterkunde

978-3-939722-46-5, 128 Seiten, € 4,95